HANNS-JOSEF ORTHEIL
Das Element des Elephanten

HANNS-JOSEF ORTHEIL
Das Element des Elephanten

Wie mein Schreiben begann

Sammlung Luchterhand

Verlagsgruppe Random House FSC-DEU-0100
Das für dieses Buch verwendete
FSC-zertifizierte Papier *Munken Print*
liefert Arctic Paper Munkedals AB, Schweden.

2. Auflage
© 1994 R. Piper GmbH & Co. KG, München
© 2001 für diese Ausgabe
Luchterhand Literaturverlag München
in der Verlagsgruppe Random House GmbH
Druck und Einband: Clausen & Bosse, Leck
Printed in Germany
ISBN-10: 3-630-62009-4
ISBN-13: 978-3-630-62009-1

Belieb es euch, zur Seite wegzuweichen,
Denn was jetzt kommt, ist nicht von euresgleichen.
Ihr seht, wie sich ein Berg herangedrängt,
Mit bunten Teppichen die Weichen stolz behängt,
Ein Haupt mit langen Zähnen, Schlangenrüssel,
Geheimnisvoll, doch zeig ich euch den Schlüssel

Goethe, Faust II

1

Ich wurde am 5. November 1951 in Köln geboren.
Das Haus, in dem meine Eltern damals wohnten
und das wir kaum zwei Jahre später durch einen
Umzug nach Wuppertal verließen, habe ich erst vor
kurzem mit wachem Blick gesehen. Es liegt an
einem großen, ovalen, von schönen Mietshäusern
eingekreisten Platz im Norden Kölns, dem Stadt-
teil Nippes. Man hat es nicht weit zum Rhein, die
Gegend ist voller traditionsreicher Kneipen...

*Dat es he en schöne Jäjend, jäjenüvver dem Rhing,
un et Kind es e leev Kind, e lecker Stümpche, wat nie
am Knaatsche es, ne Klötsch vunnem Kind, ne Freßklötsch, ne richtije Klotzkopp, wat dä widder kallt...*

Köln war nicht die Heimatstadt meiner Eltern,
aber es war die Stadt, in der sie sich zeitlebens am
wohlsten fühlten. Mein Vater hatte nach dem
Krieg, den er als Soldat miterlebt hatte, in Köln
eine Anstellung bei der Bundesbahndirektion gefunden, von Beruf war er Geodät oder (altmodisch)
»Landvermesser«. In den Diensten der Bahn ver-
maß er Strecken, berechnete Tunneldurchbrüche,
entwarf Brücken, er hatte eine Leidenschaft fürs
Detail, fürs Exakte, für die saubere Zeichnung, für
Millimeterpapier, Zirkelkästen und gut gespitzte
Bleistifte. Wenn ich ihn zeichnen müßte, sähe man
ihn auf einem drehbaren, arm- und lehnlosen

Schemel, vor einer großen weißen Tischplatte, die von einer tief hängenden Lampe angestrahlt wird. Vater beugt den Oberkörper über die Platte, die Zunge wischt nervös über die ausgeformte, dicke Unterlippe, der Zirkel kreist auf dem hauchdünnen Papier, das sich an beiden Seiten aufrollt. Es ist still, niemand stört ihn, es ist die Stunde der Geometrie.

Meine Eltern kamen aus dem Siegerland, aus einem kleinen Ort an der Sieg, kaum fünfzig Kilometer östlich von Köln. Siegerland, sage ich, aber ich müßte eigentlich sagen: nördlicher Westerwald, denn meine Eltern, besonders aber mein Vater, der mit seinen zehn Geschwistern auf einem großen Hof aufgewachsen war, verstanden sich als Westerwälder. Westerwälder – das sind die schwarz gekleideten, in sich gekehrten und landtreuen Menschen auf den Fotografien August Sanders, Bauern auf dem Sonntagsspaziergang zur Kirche, Frauen mit dunklen Kopftüchern, gezeichnet von vielen Geburten, Kinder, ängstlich und maulfaul, in einer dichten Traube um die auf zwei Stühlen thronenden Eltern versammelt. So existieren sie in meinen inneren Bildern als Gestalten der Vorzeit, als Gestalten der archaischen Gesten, des Heumachens, Brotbackens und Fischens, Gestalten der Jahreszeiten, fromm, katholisch, die Männer oft mit breiter Stirn, störrisch, unbeirrbar, eine Sippe, die daheim blieb, jahrhundertelang, und nie aufgestört wurde von Eindringlingen oder Fremden...

Ech sän dehem, mir gohn ön det Feld, mir sän zäh wie ön Witt, ojoijo, dat es en Räkel, die es e Quissel un die annere, die es e Zammel, ojoijo, mir bürschte de Kleirer, mir han Durscht, nä, wat is dat dann, wat sull dat heesen, wüßt ech nur, wat dat wär, nä, nä, ojoijo...

Die Eltern meiner Mutter waren Kaufleute und hatten, wie es hieß, »ein großes Geschäft«, anfangs Spedition, dann Baustoffe, Kohlen, Öl, und vor allem alles, was die Bauern brauchten, die mit schweinebeladenen Traktoren vorfuhren, um *de Säucher* zu wiegen. Die Eltern meines Vaters waren Bauern, der Hof lag an der Nister, einem Seitenflüßchen der Sieg, zum Hof gehörte eine Gastwirtschaft, die gibt es heute noch, und drinnen, hinter der Theke, da steht mein Vetter, der Johannes heißt wie ich, und verschränkt die Arme vor der Brust: *na, wie geht et?*

Zwischen dem Hof meines Vaters und dem Elternhaus meiner Mutter, das im alten Teil des Ortes, nahe der Kirche, steht, sind meine Eltern, seit sie sich kennengelernt hatten, hin und her geeilt, meist zu Fuß oder auf Fahrrädern. Meine Mutter hat in der Gastwirtschaft ausgeholfen, und mein Vater saß sonntags am Mittagstisch seiner Schwiegereltern, dunkel gekleidet, der einzige Studierte weit und breit, seiner Passion nach aber ein Jäger, ein Forstmensch, witterungsabhängig, naturbesessen, einer, der die Natur geordnet sehen wollte, Bilder von der Natur, Tier- und Pflanzenbilder.

Sooft es ging, fuhren wir von Köln und später von Wuppertal aus in den Westerwald, natürlich immer mit der Bahn, die berüchtigte, gewundene Siegstrecke, von Köln aus auf Siegen zu, wo Rubens zur Welt gekommen ist und wo in der hoch gelegenen Burg noch einige seiner Bilder hängen, so weit weg und fern, so fremd all dieser Umgebung ringsum, daß man sofort weiß, er hat nie in Siegen gelebt.

Da, wo meine Eltern ihre Jugend verbracht haben, haben sie sich in den fünfziger Jahren ein Haus gebaut, gleich weit entfernt von beiden Elternhäusern. Lange Zeit war das Haus vermietet, solange wir, wie es hieß, *unterwegs* waren, *unterwegs, in der Fremde, in der Welt, draußen, weitweg.* Die Fremde, das war Berlin, war Polen, war Wuppertal, später Mainz.

Doch Anfang der siebziger Jahre haben meine Eltern sich wieder dort niedergelassen, von wo sie 1939, im Jahr des Kriegsbeginns, *in die Welt* aufgebrochen waren. Sie bezogen ihr Haus, sie waren wieder angekommen im warmen Kreis der Verwandten und Freunde, und an den Sonntagen ging mein Vater zu seiner elterlichen Gastwirtschaft, mit dem Spazierstock auf dem Asphalt den Weg taktierend, und wurde von seinem jüngeren Bruder, der damals den Hof betrieb, lakonisch begrüßt: *Na, wie geht et?*: *Gut, soweit alles in Ordnung.* Worauf sie sich hinsetzten, ein Bier tranken und schwiegen.

Manchmal denke ich, das Schweigen ist mir eingeboren, dann bin ich ein Westerwälder. Man sitzt zusammen und schweigt, man schaut starr irgendwohin, aus dem Fenster, vor sich hin auf einen Fleck, es ist das charakteristische Grübeln der Bauern, eine Art Meditieren, ein Geltenlassen der Stille. Ich habe eine große Nähe zur Stille, deshalb gefällt mir auch so manche Musik, Musik, die aus der Stille kommt und in sie mündet, Musik von Schubert, von Webern, von Cage. Auch das Schreiben kommt aus der Stille, und an seinem Anfang ist das ungeordnete Murmeln, das sich allmählich, wie ein lauter werdendes Rauschen, von der Stille abhebt. Das innere, chaotische Murmeln ist ein Wachwerden von Stimmen, aus einer weiten Ferne nähern sie sich, und wenn nicht Gott, sondern ich selbst den Anfang der Genesis diktiert hätte, so hätte er von der Stille und dem Murmeln gehandelt:

Im Anfang der Stille schuf Gott den Laut. Und der Laut wurde zum Murmeln, und das Murmeln trennte das Schweigen vom Ton. Der Ton aber klang weit, weit klang er durchs All, und im All entstanden benachbarte

11

Töne, der Schall, und größer und größer wurde das Murmeln...

Literatur, in der etwas von dieser Genesis versteckt ist, habe ich immer besonders gerne gelesen. *Betrachtungen aus der Stille, Tsurezuregusa,* etwa heißen die Aufzeichnungen des Yoshida Kenkô, der Anfang des vierzehnten Jahrhunderts Offizier der kaiserlichen Palastwache in Japan war und dem man nachsagt, daß er nach einer unglücklichen Liebe Mönch geworden sei. Das *Tsurezuregusa* beginnt so:

Wenn ich allein und in Muße bin, sitze ich den ganzen Tag vor meinem Tuschkasten und schreibe alles, was mir durch den Kopf geht, ohne Zusammenhang und ohne eine bestimmte Absicht auf. Dabei ist mir immer recht wunderlich zumute*.

So wunderlich ist es auch den Grüblern und Schweigenden des Westerwaldes. Das Grübeln und Schweigen ist ihnen nicht ganz geheuer. Sie wissen ja, eigentlich sollten sie reden, aber in ihrem Innern hat sich etwas von asiatischer Bescheidenheit und Zurückhaltung, etwas von den Regeln und Lehren des *Tao-tê-ching* breitgemacht, in dem es heißt:

Der Erkennende redet nicht. Der Redende erkennt nicht.

---

* Yoshida Kenkô: Betrachtungen aus der Stille. Aus dem Japanischen übertragen, erläutert und mit einem Nachwort versehen von Oscar Benl. Frankfurt a. M. und Leipzig 1991

Auch das berühmte *Anna Livia*-Kapitel von James Joyces *Finnegans Wake* entsteht aus dem Murmeln. Die Wäscherinnen stehen am Fluß und gehen ihrer Arbeit nach. Sie waschen schmutzige Wäsche, und daraus, aus den Geschichten, die die Wäschestücke erzählen, wächst die Geschichte:

O erzähl mir alles von Anna Livia! Ich will alles hören von Anna Livia. Ach, du kennst Anna Livia? Ja doch, klar, wir alle kennen Anna Livia. Erzähl mir alles. Erzähl's mir jetzt. Dich trifft der Schlag, wenn du's hörst. Also, du weißt doch, wie der alte Sack futsch ging und tat, was du weißt. Ja, ich weiß, mach weiter. Wasch nur flott und laß das Gedabble. Stock auf die Ärmel und lockre die Stimmstrippen. Und bocks mich nicht – aua! – wenn du dich bückst. Also was denn auch ilmer sie ausdrifteln wollten, daß er's bezwockt hätte im Faunix-Park, – er ist ein greißlicher alter Wüstling. Guck dir den Fleck da an! Guck nur den Dreck daran! Hat schon das ganze Wasser bei mir versaut. Und dabei weich ich's und bleich ich's seit uiber der Wik. Möchte wohl wischen, wie oft ich's gewassen hab schon! Ahrswendig kenn ich die Stelln, die er gerne besabbt, der dreckeckige Debbel!*

Und so sehe ich mich schweigend in einem Nahverkehrszug der Bahn sitzen, der die gewundene

---

* James Joyce: Anna Livia Plurabelle, parryotphosed myth brockendootsch by Hans Wollschläger. In: James Joyce, Anna Livia Plurabelle, Frankfurt a. M. 1982, S. 101

Siegstrecke entlang fährt, von Wissen über Au und Troisdorf nach Siegburg und Köln, langsam fährt der Nahverkehrszug auf den Dom zu, am Dom macht er halt, und wir müssen umsteigen nach Wuppertal, noch einmal eine halbe Stunde Fahrt, und ich höre, wie aus der Stille das allmähliche Murmeln entsteht, je näher wir Köln sind, je lauter wird das Murmeln, die Sprache wird weicher, klangvoller, und in Köln, da ebbt sie überhaupt nicht mehr ab:

Wat... wat... wat es loss?... Nix..., nix..., ich han nix gesaat... Wat... wor dat für en Werrer!... Wat dat doch wor...! Wie hätt et geränt!... Wie hät et geschütt... ojoijo!... Häst de gehürt?... Döst mich verston?... Nä..., ich sin ganz woanners..., nä, ich sin jez nit su.... Awer wo bist de dann rüm?... Ich gucken nur su, ich gucken nur su... wat... wat guckst de dann do... gucken nur su... in de Jäjend... es dat e schün Jäjend..., nä, es dat schün, kummens, laß uns doch jon, laß uns jon, laß uns in der Dom jon, jon, in der Dom...

So gerät das Murmeln in Fluß, und die Stille wird allmählich verdrängt. Es entsteht eine neue Musik, Köln ist eine phantastische Erfindung von Jacques Offenbach und Mauricio Kagel, jedenfalls habe ich es so kennengelernt, und wenn schon gesprochen werden müßte, dann für meine Ohren am liebsten in Köln, wo die deutsche Sprache etwas hat vom weichen, schmeichlerischen Französisch, wo sie ein

Singsang ist, eine Mischung aus hohem Kanarien-
vogel-Tirilieren und recht deftigem Krachen und
Spucken, eine komödiantische Mixtur aus germa-
nischen Urlauten, *kölsch*, und lateinisch-französi-
schem Gezeter.

In dieser Spannung, diesem Weg zwischen der
westerwäldischen Sprache der Stille und dem rhei-
nischen Stille-Betäubungssprechen, bin ich groß
geworden. Von Anfang an habe ich die Sprache als
Körper, als Leib, als sinnliches Medium, erlebt.
Und von Anfang an war ich hin und her gerissen
zwischen den beiden Extremen. Lange konnte ich
gar nicht sprechen, kaum einen Laut, dann entstand, sehr verspätet, ein litaneihaftes, staccatoarti-
ges Gestotter, bis sich endlich das Reden Bahn
brach, sturzbachartig, chaotisch, nicht mehr zu
bändigen.

Ich wurde zum zweiten Mal geboren in der
Sprache, die Sprache hat mich wiedergeboren, und
als sie mich ausgespuckt hatte als Sprechenden, war
das Schreiben da, das alles besiegelnde und dadurch
triumphierende Schreiben, mit dem ich jede Silbe,
jedes Wort, jeden Satz festhalten konnte für immer,
auf daß ich die Sprache nie mehr verlöre.

In meinen dunkelsten Phantasien aber bin ich
stumm. Ich sitze, zu einem Kleinkind geschrumpft,
auf dem Teppich des elterlichen Wohnzimmers,
unter dem schützenden Tisch, die Tür zum Neben-

raum ist geschlossen, und ich halte mir mit den Händen die Ohren zu, um – mit geschlossenen Augen – ganz unterzugehen in der Stille. Ich habe die Sprache abgelegt wie eine lästige Rüstung, ich bin wieder da angekommen, von wo ich aufbrach vor einigen Jahrzehnten, angekommen bei dem kleinen, in sich versunkenen Kind, um dessen Spracherwerb man fürchtete, monate- und jahrelang, weil es stumm blieb, ein nach innen, auf sich selbst gerichteter Spiegel der Stille, der alle Laute ringsum zu verschlucken und einzupferchen schien in die unheimlich erscheinenden verlangsamten Bewegungen seines winzigen Körpers.

Ja, in meinen dunkelsten Phantasien bin ich wieder stumm, ich habe alles verlernt, was zu den künstlichen Riten der Weltauslegung gehört, ich habe mich wieder eingehüllt in den dichten, kompakten und unveränderlichen Raum meines autistischen Schweigens, es ist ein Schweigen, aus dem, ich weiß es, niemals mehr ein Weg führen wird nach draußen, in die gefürchteten Kältezonen, in die Gemein- und Gesellschaften.

Ich war das fünfte Kind meiner Eltern. Meine Mutter hat außer mir noch vier Söhne geboren, doch als ich 1951 zur Welt kam, war keiner der vier noch am Leben. Drei waren Stunden, Tage oder Wochen nach der Geburt gestorben, der erste in Berlin während eines Bombenangriffs, die anderen beiden nach dem Krieg, in Köln, als meine Mutter schon nicht mehr daran glaubte, daß eines ihrer Kinder am Leben bliebe.

Denn die Lebenslinien unserer Familie, die meiner Eltern und meine eigene, sie haben einen fernen Fluchtpunkt, den 6. April 1945, den Tag, als mein zweiter Bruder, fast dreijährig, ums Leben kam. Meine Mutter war damals, in den letzten Kriegstagen, mit ihren nächsten Verwandten auf ein Gut in der Nähe ihres Heimatortes geflüchtet. Am 6. April besetzten die Amerikaner das Gut, das Ereignis ist die Schlüsselszene in meinem Roman, der nach dem Namen des Hofguts *Hecke* betitelt ist:

Am Nachmittag des 6. April, gegen 15 Uhr, sah der Hecker Bauer die Khakiuniformen der Amerikaner oberhalb der Stallungen. Sie bewegten sich langsam durch das Grün; dann erkannte er den Spähwagen, der wie ein Spielzeug aus dem Wald kollerte und langsam auf die Scheunen zurollte.

Man hatte sich in der Küche versammelt, als er die Nachricht den anderen mitteilte, die sprachlos herumsaßen und warteten, als der Junge plötzlich zu weinen begann. Zum ersten Mal redete meine Mutter ihn in der allen verständlichen Sprache an, als er heftiger weinte. Da hob sie ihn mit einer kaum glaublichen Kraftgebärde auf den Arm, lief mit der größten Schnelligkeit ins Schlafzimmer, um dort ein Bettuch von der Matratze zu reißen. Man wollte sie noch zurückhalten, doch sie lief – das

weinende Kind auf dem Arm – die Stiegen hinauf zum
Dach, wo sie das Tuch, nur flüchtig um eine Holzstange
gewickelt, wie eine Flagge befestigte.

Erschöpft und als habe sie die letzte notwendige Tat
vollbracht, die endlich den ersehnten Frieden bringe,
begann sie in der Küche zu singen. Sie wirkte so ruhig,
daß das Kind aufgehört hatte zu weinen und sie an-
bettelte. Seit sie die Flagge gehißt hatte, war nichts
geschehen, doch man hörte die Panzer näherrollen, die
den voraneilenden Soldaten zu folgen schienen, deren
Stimmen nun ganz in der Nähe wie rasch in Bewegung
geratendes Geplänkel zu hören waren. Sie nahm am
Küchentisch Platz und setzte den Jungen auf den Schoß,
um ihm ein Honigbrot zu schmieren, als die Soldaten
in die Küche eindrangen. Die dort Versammelten erhielten den Befehl, sich vor das Haus zu begeben. Sie
wurden mit hastigen Bewegungen nach draußen getrieben, Schreie und Rufe feuerten sie an, eine kleinere
Gruppe von Soldaten durchstöberte die Scheunen, eine
andere machte sich im Haus breit. Man drängte die
Bewohner an die Wand und ließ sie dort mit erhobenen
Armen stehen; ihnen gegenüber wurde ein Maschinen-
gewehr aufgepflanzt. Aus einer Scheune wurden zwei
deutsche Soldaten gezerrt, die desertiert waren und sich
dort versteckt hatten. Sie wurden hinter das Haus getrieben und dort verprügelt. Ihre Schreie schreckten den
Jungen auf, der neben der Mutter stand; sie redete auf ihn
ein, aber er begann zu weinen. Als sich der ganze
feindliche Trupp vor dem Haus versammelt hatte, er-

hielten die Frauen die Erlaubnis, das Kind hineinzubringen. Meine Mutter nahm den Jungen auf den Arm, die Schwester begleitete sie, die andern folgten. Drei Amerikaner gingen mit ins Haus, um dort Wasser zu trinken. Die Frauen mußten eine Probe nehmen, die Pumpe wurde bedient. Dann setzte sich meine Mutter an den Tisch, das Honigbrot, das sie zuvor dem Jungen geschmiert hatte, lag noch auf dem Teller. Sie drückte es ihm in die Hände, er nahm es und wollte zubeißen, als die Granaten in den Raum einschlugen.

Während die anderen sich hinwarfen, blieb sie noch immer sitzen. Ein Artilleriegeschoß war ins Schlafzimmer eingeschlagen, die Wand zur Küche war durchbrochen, Schränke und Möbel zerstört, im Stall hatte sich das Vieh losgerissen.

Meine Mutter fuhr sich über die Stirn, ein Splitter hatte sie dort gestreift, sie blutete ein wenig, war jedoch sonst unverletzt, während ein anderer, kräftigerer Splitter dem Kind in den Hinterkopf geschlagen war.

Sie richtete den toten Körper auf und begriff nicht, was geschehen war, als der Junge immer von neuem zurückfiel, einknickte und ihr schließlich aus dem Schoß zu fallen drohte. Die Maschinengewehrsalven der Amerikaner schlugen weiter unten im Wald ein, wo die versteckt feuernde deutsche Artillerie in Stellung gegangen war.

Als der Gefechtslärm aber gleichsam vor den Toren und über den Dächern des Gehöftes aufbrauste und es schon klang, als gebe es keine Ruhe, bis auch dieses Versteck mit allen Mauern im Boden versunken sei, sollen die einander feindlichen Truppen plötzlich einen hohen, wie aus der Ewigkeit des Gerichts herrührenden Schrei gehört haben, einen Laut, wie man ihn sich nicht habe vorstellen können, ein Trompeten über alle menschlichen Kräfte hinaus, das den Gefechtslärm mit einem Schlag, ohne daß dies vorher zu erwarten gewesen wäre, zum Verstummen brachte.

Sie soll die Hoftür geöffnet haben, sie soll mit dem Kind auf dem Arm hinausgekommen sein, gerade in die Schußlinie der feindlichen Lager. Niemand, sagt man, habe sich hinterhergewagt, alle hätten den Atem angehalten, und die Stille sei nun endgültig die eines Endes gewesen, das man sich nicht fürchterlicher habe denken können.

Wahrhaftig sei es auch nicht mehr zu Auseinandersetzungen gekommen, die deutsche Artillerie habe ihre Stellung wohl aufgegeben, und ein Großteil der amerikanischen Soldaten habe sie ins Tal verfolgt. Die anderen hätten sich auf dem Hof breitgemacht, seien aber dort nicht zur Ruhe gekommen, ebensowenig wie die Bewohner, da meine Mutter mit dem Gestorbenen auf den Knien unter einem Kirschbaum gehockt habe, von nun an stundenlang, ohne noch einen einzigen Laut von sich zu geben, ja die ganze Nacht hindurch, ohne Bewegung, ja auch den ganzen folgenden Vormittag, bis man der wie Versteinerten das Kind habe aus den Händen reißen müssen, um es vorläufig in der Nähe zu begraben. In

*dem Augenblick jedoch, in dem sie den Körper des Jungen
nicht mehr habe spüren können, sei sie, wie einige sagen,
zur Seite gefallen und habe dort, wo sie so lange gesessen,
noch Stunden gelegen.* *

Meine Mutter überlebte, verstört und geschädigt,
denn der in den Kopf eingedrungene Splitter hatte
das Sprachzentrum verletzt. Seit dem Tod meines
zweiten Bruders war meine Mutter lange Zeit
stumm, ein lebendes, in sich erstarrtes, zu Tode
erschrockenes Bündel, das aufhörte, weiter an das
Leben zu glauben. Die beiden Söhne, die sie noch
zur Welt brachte, starben, wie sichtbare Zeugen des
weiter nachwirkenden Krieges, in der Nachkriegs-
zeit, und auch als ich zur Welt kommen sollte –
meine Mutter war inzwischen schon fast vierzig
Jahre alt –, rechnete niemand mit meinem Überleben.

Bei meiner Geburt war ich der Letzte und Erste
zugleich. Ich war der Letzte einer ausgestorbenen
Sippe, der Gemeinschaft meiner vier toten Brüder,
von denen man mir berichtete, sie lebten im Himmel und blickten mit besonderer Genugtuung auf
mein irdisches Dasein. Und ich war der Erste, der
meinen aus dem Himmel angeblich auf mich mit

---

* Hanns-Josef Ortheil: Hecke. Frankfurt a. M. 1983,
  S. 289–292

Wohlgefallen herabschauenden Brüdern zu beweisen hatte, daß sie weiterlebten in mir, daß sie wuchsen mit meinem Wachsen, daß ich sie wiedergebar, indem ich größer wurde. Als die Sorge um meine Geburt der Verblüffung darüber gewichen war, daß es – allen Voraussagen und Ahnungen zum Trotz – einer doch geschafft hatte, am Leben zu bleiben, sorgte man sich aufs neue. Denn wie – fragte man sich – sollte meine verwirrte, sprachgestörte Mutter mir das Sprechen beibringen, und wenn nicht sie – wie hätte mein schweigsamer, in sich vergrübelter Vater den Mangel beheben sollen?

Meine ersten Erinnerungen sind Menschen, die mich umstehen, die wie in einer Prozession an mir vorüberziehen, die mich aufheben, herumtragen, mit mir spazieren und auf mich einreden. Um mir das Sprechen beizubringen, hatte man sie alle geladen: einen Bahnhofsvorsteher, der die Züge abfahren ließ, Frauen aus der Nachbarschaft, die ihre eigenen quiekenden Gören mitbrachten, eine Arztgattin, die den seltsamen Fall studierte und Protokoll über den Verlauf meiner Sprachbemühungen führte, die Haushälterin eines katholischen Pfarrers, die mich mit Weihwasser überschüttete, einen Kriegsinvaliden, der meine Lebensgeister durch das Vorzeigen seiner Briefmarkensammlung zu wecken versuchte, und immer wieder: Kinder,

Kinder, weiche, duftende, stinkende, keifende, bettelnde und in beinahe allen Fällen deutlich sprechende, klar artikulierende Kinder, die mich betrachteten wie ein Monstrum, die mich hätschelten, kosten, prügelten, die es aus mir herauslocken, herausschlagen, herausbitten wollten: das Murmeln, das Sprechen, die ersten Laute, den ersten Satz.

Doch ich schwieg. Die Diagnose lautete: autistische Ich-Versenkung, das Kind sitzt inmitten einer auf es einschreienden Gesellschaft von Sprachbenutzern und Sprachadepten, regungslos, unbeirrbar, stumm und verstört wie seine Mutter, die man belehren und bekehren wollte wie mich selbst, indem man ihr vorsprach, sie schreiben ließ, ihr Bilder erklärte.

Die Diagnose in ihrem Fall lautete: Aphasie, eine wahrscheinlich nicht heilbare Sprachstörung, bei der Hören, Begreifen und Denken nicht beeinträchtigt sein müssen. So lebte ich lange im Reich meiner Mutter, mit ihr war ich am liebsten allein. Ich sah ihre Gesten, die ganze Mimik der Zutraulichkeit, wir gingen zu zweit spazieren, und es war, als gehörten wir so zusammen für immer.

Die Urphantasien, die aus diesem Kammerspiel entstanden, haben mein bisheriges Schreiben ge-

23

prägt wie sonst nichts. Im Roman *Schwerenöter* gebiert eine Frau 1948 in Köln männliche Zwillinge in einem Abstand von etwa einer halben Stunde. Der Zweitgeborene ist der Zu–spät–Gekommene, der sich ein Leben lang müht, dem Erstgeborenen gleich zu werden, ihn zu übertreffen oder auch nur einzuholen. Ein Vater fehlt, die Zwillinge bekommen ihren Vater ein Leben lang nicht zu Gesicht, sie wachsen auf im Reich der Mutter:

Am Nachmittag eines dunstigen Novemberfreitags – ein wenig später in den Blick geratenes Kalenderblatt zeigte den fünften November an – war es soweit. In der Frühe, kurz nach halbzehn Uhr, hatte es begonnen. Ein Brausen und Ziehen hatte meinen ganzen Leib ergriffen, hatte ihn in Aufregung versetzt, keine Ruhe oder Abschweifung mehr gegönnt; einige Zeit hatte ich mich einer derartigen Gewalt noch zu entziehen gesucht. Ich hatte mich in einen kurzen Schlummer geflüchtet und versucht, mich an meine Traumwelten zu halten. Doch am späten Nachmittag hatte man mich mit allen Kräften ins Leben gezerrt; rasch, befriedigend schnell war es vor sich gegangen. Mein Leib hatte sich in plötzlichen, heftigen Zuckungen dem helleren Ausgang zubewegt, hatte gedrängt, gestoßen, war jedoch noch einige Zeit durch etwas Störendes, Lastendes an der erfolgreichen Geburt gehindert worden. Schließlich war es vollbracht; nur mein Kopf hatte sich länger widersetzt. In den langen Monaten des Eingesperrtseins hatte er beinahe meine ganze Un-

terhaltung bestritten. Konnte ich ihm verdenken, daß er sich lieber noch länger im Dunkel des Mutterleibes aufgehalten hätte, konnte ich ihm jetzt Vorwürfe machen, als er auf jene Tageshelligkeit traf, die ihm so sehr zuwider war?...

So begann ich bald, die Geheimnisse meiner Geburt noch aufmerksamer zu studieren, und die weiteren Beobachtungen führten mich auf eine fatale, befremdliche Spur. Erst als das Gezischel meiner Umgebung mich veranlaßt hatte, nach rechts und links zu äugen, erhielt ich größere Klarheit. Mein Innerstes wurde um und um gewühlt, ich traute meinen kleinen, seltsam verklebten Augen noch kaum, sah nur ein schwaches Schimmern, ein Zappeln und Prusten ganz in meiner Nähe. Ich war nicht allein, ein anderer teilte das Säuglingsgestell mit mir.

Schon bevor ich ausreichend Gelegenheit erhalten hatte, mich darauf einzustellen und mein auf die Probe gestelltes Selbstbewußtsein zu beweisen, quäkte der Erstgeborene neben mir, schrie diese unheimliche Vorgeburt, dieser Frohsinnshans, dieser Maulheld und Sittenverdreher. Wenige Minuten meiner Unachtsamkeit hatte er offensichtlich genutzt, sich vor mir in die Welt zu drängen; schlau und listig hatte er sich aus der günstigen Kopflage in den befreienden Spalt geschoben, während die Ärzte bei meiner Zutageförderung wesentlich schwerere Anstrengungen hatten unternehmen müssen. Niemand hatte mit Zwillingen gerechnet, ich selbst am wenigsten.

So äugte ich mißtrauisch, etwa eine halbe Stunde nach dem schmächtigeren Bruder zur Welt gekommen, zu ihm, dem Eiligeren, hinüber. Hätte ich von dem Unglück vorzeitiger geahnt, wäre ich früher aus meinen vielfältigen Träumen zur Besinnung gekommen, um zu erfassen, was meine Geburt so behinderte und verzögerte, hätte ich mich wohl kräftig zur Wehr gesetzt, hätte um mich geschlagen, den Weg ins Freie begehrt, hätte wie Jakob *den früher entschlüpfenden* Esau *vielleicht noch an der Ferse zu packen bekommen, um ihn zu halten und zu strafen. Allein: mir war entgangen, daß ich schon so früh gezwungen war, den* Kampf ums Dasein *aufzunehmen. Ich hatte den rechten Zeitpunkt der Gegenwehr verträumt, hatte länger als der andere im Schlummer gelegen, mich in den fernsten Gedanken gewiegt, einen längeren Verbleib im Mutterleib dem hellen Tageslichtdasein vorgezogen.*

Von solcher Feinheit waren meines Bruders Gedanken und Empfindungen nicht. Er hatte sich durchgesetzt, er hatte den ersten Kampf ganz zu seinen Gunsten entschieden; nun bemerkte auch ich es, denn er beschrie seine Erstgeburt aus Leibeskräften, er dröhnte, spuckte und röhrte, er ließ nicht zu, daß auch ich einmal zum Tönen kam und die ersten Laute in meiner Gurgel fand. Unfein, übertrieben, alle Aufmerksamkeit auf sich ziehend, bekiekste und begluckerte er seinen schmählichen Sieg; er lockte die Krankenschwestern, kaum daß sie sich von ihm abgewendet hatten, wieder heran, er ließ sich an den kleinen, in die

*Höhe gestreckten Beinchen fassen, niese, wie es gefordert wurde, krümmte den krebsroten Kindsleib, dieses stinkende Ungeheuer, diese Frucht einer für mich noch unerklärlichen Zeugung.**

Der Traum, die Stille, das Ruhige, Abgeschirmte, das Terrain der wortlosen Verständigung, der Blicke und Gesten – das war für mich die Sphäre der Mutter. Es war die Sphäre, in der allein ich zugelassen und in der die gegenseitige Nähe ganz unbedingt war. Und es war lange die Sphäre meines ganzen Interesses, meiner genauen Beobachtung, meines Studiums, in dem es darum ging, zu begreifen, was uns verband, was uns trennte.

Die geschlossene Sphäre, in der wir uns bewegten, umgab uns überall. Es war, als hielten wir uns in einem schalldichten Raum auf, und obwohl wir beide hörten, was um uns geschah, antworteten wir darauf doch nur begrenzt. Wir selbst bestimmten, was uns anging, wir bestimmten die Regeln.

Durch diese Verbundenheit waren wir füreinander zu Spiegeln geworden. Meine Mutter erkannte ihre Stummheit wieder in mir, ich war ihr Abbild, und ich selbst ahmte sie nach, indem ich ihrer Sprachlosigkeit folgte. Ich konnte nicht

* Hanns-Josef Ortheil: Schwerenöter. Roman. München und Zürich 1987, S. 17–19

sprechen, weil sie nicht sprach; sie sprach nicht, weil sie noch nicht auf ein weiteres Leben vertraute.

Jahrelang habe ich daher in meiner Mutter die Angst gesehen. Die Angst war das erste, das intensivste körperliche Empfinden. Es war eine Art Grauen, ein plötzliches Abrutschen der inneren Stimmungen, ein heißes, chaotisch werdendes Brennen, so, als könnte einen jeder Gegenstand, noch der harmloseste, verletzen. Im Zustand der Angst war ich gelähmt, ich spürte den kalten Schweißfilm, der allmählich die Haut überzog, während in mir die Gewißheit wuchs, nichts werde sich ordnen lassen.

In der Angst gibt es nur die Bedrohung. Die Ereignisse entwickeln sich vor einer totalen Schwärze, es ist, als werde man in die Tiefe des Weltalls geschleudert und als ende der katastrophische Flug irgendwo mit dem Verglühen. Man glaubt, in einem ungeheuren Tempo durch die Leere zu rasen, nichts läßt sich aufhalten, greifen, und auch die Dinge ringsum befinden sich in diesem chaotischen Strudel, so als fliehe das Universum auf einen verborgenen, sich in unendlicher Ferne befindenden Schlund zu.

Gegen diese starke Bewegung aber ist man vollständig hilflos. Man hat keine Kraft, die Arme hängen einem schlaff am Körper, der Kopf ist ein loses Pendel, und es existiert nichts als ein Rauschen, kein anderer Klang, keine Stimme.

Nur den tonlosen Mund meiner Mutter habe ich in solchen Zuständen noch gesehen. Ich habe mir eingebildet, sie riefe mich, und wahrscheinlich hat sie mich in meinen ersten Jahren ununterbrochen gerufen. Ich sollte in ihrer Nähe sein und dort bleiben, jede Entfernung von ihr bedeutete eine Gefahr, unser Reich sollte geschlossen bleiben, nach außen gesichert durch ein gegenseitiges Verstehen, das keiner Worte bedurfte, sondern einfach bestand, als seien wir nur füreinander da.

In dieser geschlossenen Sphäre gab es nur eine Fremdheit, nur ein schwer zu erforschendes Unbekanntes: die Bücher. Meine Mutter war von Beruf Bibliothekarin, vor dem Krieg hatte sie die einzige Bibliothek des Ortes, eine katholische Pfarrbibliothek, aufgebaut und geleitet, bis sie von den Nationalsozialisten von diesem Amt vertrieben worden war. Sie hatte sich geweigert, ihnen die Benutzerlisten der Bibliothek auszuhändigen, und mit dieser Weigerung hatte sie ihren Beruf verloren.

Aber sie hatte weiter gelesen, das Lesen war ihre liebste Beschäftigung, und auch als sie sich nicht mit Worten verständigen konnte, hörte sie nicht auf zu lesen. Lesend, mit einem Buch in der Hand, auf einem Sofa liegend, im Park auf einer

Bank war sie mit dem Buch allein. Wenn sie las, rückte ich um ein weniges von ihr weg, das Buch war der Fremde, der sie von mir entfernte, und die Verständigung, die sich, jedes Mal, wenn sie las, zwischen ihr und dem Fremden herzustellen schien, schloß mich aus.

Ich glaube, ich begriff früh, was mit ihr geschah, jedenfalls spürte ich, wie sie sich lesend von mir trennte, nur für Stunden, aber doch so, daß ich sie nur vermindert erreichte. Zwischen ihr und dem Buch entstand eine Art von Kontakt. Das Buch, seine schmächtigen, mageren Zeilen, sein bunter Umschlag, sein meist dumpfer, schwerer Geruch, dem ich nachschnüffelte, als entströme er einer geheimnisvollen Küche, deren Zutritt mir verwehrt war – das Buch nahm meine Mutter gefangen.

Lesend, den verschlungenen Pfaden der Buchstaben und Zeilen folgend, geriet sie in eine Art Trance. Ich erkannte die Veränderungen an ihren Zügen, an den Augen, die etwas Entrücktes, Weites bekamen, als starrten sie auf die offene See, an den Mundwinkeln, die sich entspannten und weich wurden wie zu einem Kuß, an den Lippen, die sich einen kleinen Spalt öffneten und langsam zu schwingen begannen wie die zuckenden Kiemen eines Fisches.

Das Lesen war eine Verzauberung, im Lesen verbündete meine Mutter sich mit fernen Mächten, es war eine Art Träumen, ein Wachtraum, in dem die Bilder sich aneinanderzureihen schienen zu einer nicht mehr lösbaren Kette.

Die Glieder dieser Kette aber waren mir unergründlich, und da ich nur ahnte, daß sie in den Seiten der Bücher entstanden, versuchte ich, die Bücher an mich zu reißen. Ich trug sie zusammen, stapelte sie, riß Seiten heraus, blätterte lange in ihnen, ich begann, sie anzufressen, löste den Umschlag ab, zerzupfte die Seiten, trennte sie in Streifen, klumpte sie zu Bällen, es heißt sogar, ich hätte eine Art Vorrat an Büchern angelegt, heimlich, in einem Versteck, als wäre es darauf angekommen, Vorsorge zu treffen für einen harten, kalten und buchlosen Winter.

In meiner Erinnerung sind die Bücher die ersten schweren Lasten meiner Kindheit. Ich trug sie zu zweit oder zu dritt unter dem Arm, legte sie in einen Karren, zog sie hinter mir her, ich verteilte sie im Raum an den entlegensten Stellen wie Ostereier, die man zu suchen hatte, ich pflasterte die Diele mit Büchern, und hätte ich vom Tapezieren gewußt, so hätte ich die Wände mit den Seiten der Bücher beklebt.

Obwohl ich sie alle gleich behandelt haben soll und kein einzelnes bevorzugt, sind mir doch viele im Gedächtnis geblieben, und wenn ich heute vor den Bücherschränken meines Elternhauses stehe, erinnere ich mich ganz deutlich an meine frühen Kontakte. Ich wußte, daß die Bücher gelesen werden sollten, doch ich ersetzte meine Unkenntnis dadurch, daß ich sie schmeckte. Schmecken bedeutete: die Bücher zu riechen, sie mit der Zunge zu lecken, ihre Farben aufleuchten zu sehen, das Papier zu spüren, sie als lebendige Wesen zu empfinden. Bücher hatten Haare auf dem Umschlag, ihre ersten Seiten starrten mich mit ihren hervorgehobenen Lettern an wie weit geöffnete Augen, die mich erschreckten, die Seiten hatten etwas von schwarzem, vermodertem Laub, wie überhaupt der Geruch meist ein stickiger, pestartiger war, als habe ein wildes, stinkendes Tier all diese Buchstaben mit seinem Schwanz herbeigewedelt.

Später hat diese Lust sich gesteigert, sie entwickelte sich zu einer Passion für Bibliotheken, besonders aber für alte Lesesäle, oder für lange Holztische in alten Lesesälen, in denen die Wände ringsum bis zur Decke voll waren mit Büchern. Mit zwölf, dreizehn Jahren habe ich zum ersten Mal in einem solchen Lesesaal gesessen, ich hatte meine Mutter dorthin begleiten dürfen, und während sie etwas nachgeschlagen und sich Notizen gemacht hatte, hatte ich unbeweglich auf einem Stuhl hinter einem der langen Holztische gesessen, auf denen sich die Bücherstapel der Benutzer türmten.

Ich beneidete jeden von ihnen, und ich wünschte mir nichts sehnlicher, als Stunden in einem solch hohen Raum mit schlanken, hellen Fenstern sitzen zu dürfen, um zu lesen. Schon der bloße Gedanke an diese Möglichkeit löste ein unwiderstehliches Kribbeln und Ziehen in mir aus, als führe mir einer langsam und vorsichtig mit den Fingerkuppen über die nackte Rückenhaut, oder als bürstete mir jemand mit einem feinen Kamm die Nackenpartie. Es waren Anfälle wohliger Schauer, die mich überkamen, eine tief sensuelle Lust, vielleicht eine Art libidinöser Appetit, als könnte ich durch das Lesen weniger meinen Geist als meinen Körper verwöhnen.

Diese Zustände haben meine Lesesucht ausgelöst, das stundenlange, ununterbrochene Eintauchen in die Bücherflut, wahllos, wie von einem Heißhunger getrieben. Ich legte sie vor mir auf den Tisch, stapelte sie, drehte die Buchrücken zu mir hin, und es war so, als rückte ich sie bereit zu einer wollüstigen Vertilgung. Der Lesemund öffnete sich, ich begann, diese trockenen Brocken einen nach dem andern zu verschlingen, und es erhöhte die Lust, daß sich in meiner Umgebung Menschen aufhielten, die sich genauso still und doch leidenschaftlich dieser Lust hinzugeben schienen wie ich.

Denn die Anziehung, die der Lesesaal ausübte, gründete nicht nur in der seligmachenden Phantasie, man hielte sich im Schlaraffenland auf, wo einem die Bücher wie dicke Happen in den Mund flögen, sondern auch darin, daß die Umgebung still war und stumm. Ohne Geräusche von sich zu geben, kauten die Leser ihre Buchstaben, wickelten sie in ihre Kladden und Hefte, schöpften das geistige Fett ab, tunkten sie in die Tinten ihrer Stifte und Federhalter. Das Lesen war die triebhafte Passion der Schweigsamen, es stiftete eine Gemeinschaft zwischen denen, die doch allein sein wollten, es ließ sich verstehen als das unendliche, ziellose Murmeln, nach dem ich mich sehnte.

Diese Passion ist mir geblieben bis heute, noch immer laufe ich in Städten, auch wenn ich sie nur flüchtig besuche, in die Bibliotheken, und noch immer stelle ich mir in ihren Lesesälen vor, wie es wohl wäre, in einem solchen Raum für Stunden zu sitzen, so lange, bis die Verwandlung einsetzen würde.

Inzwischen erstreckt sich diese Faszination auch auf die manischen Buchmenschen, die freßgierigen Autodidakten, die Bibliomanen, von der Bibliophilie dagegen habe ich nie etwas gehalten. Bibliomane, das sind Leser, die Bibliotheken um ihrer selbst willen lesen, Leser, die nicht aufhören können, aus Büchern ihre eigenen Exzerpte zu schneiden, Leser, die diese Exzerpte in kunstvoll geplanten Systemen ordnen und übersichtlich machen, Lesetiere also, schwer, übersättigt und langsam, tief in das immer gewaltiger werdende Buchstabenfett vergraben.

Bibliomanen, das sind die Elephanten des Lesens, so wie das Element des Elephanten die unendlich zirkulierende Schrift ist. Seit ich diese Tiere zum ersten Mal sah, ich sah sie im Wuppertaler Zoo, nahe der Wupper, gleich neben dem dortigen Stadion, wußte ich, daß es meine Tiere waren. Es hieß, sie seien klug, und doch war davon auf den ersten Blick nichts zu erkennen, es hieß, sie seien gelehrig, auch das konnte ich nur ahnen. Doch als ich ihre Augen sah, wußte ich, daß es Leseaugen waren, meist nach innen, in die Tiefe des Körpers gerichtete Augen, die sich, wie mir schien, zur Betrachtung der Außenwelt erst umstülpen mußten. In den langsam wandernden Augen der Elephanten, in ihren kurios vergrößerten Ohren erkannte ich die Eigenheiten der Leser wieder: Augen, die buchstabieren, und Ohren, die den unendlich zerstreuten Schall des Weltenmurmelns belauschen.

Jedes Mal jedoch, wenn ich eine Bibliothek betrete, um die Elephantiasis des Lesens zu erleben, erinnere ich mich zurück: vor meinem inneren Auge sitzt das kleine, stumme Kind noch immer auf dem Teppich des elterlichen Wohnzimmers, neben sich Berge von ungelesenen, bloß gewälzten und gestapelten Büchern, der forschungssüchtige Ein-

35

dringling in die fremden, noch unentdeckten Provinzen des Mutterreiches.

Da nichts mich von den Büchern entfernen konnte, kam meine Mutter auf den Gedanken, mich an die Buchstaben zu gewöhnen. Die Buchstaben wurden ausgeschnitten aus buntem Papier, große und kleine, sie wurden nebeneinandergelegt, gemischt, ich durfte sie in die Hand nehmen, verbiegen, nur in den Mund durften sie nicht. Meine Mutter hielt mir die Buchstaben vor Augen, und während ich auf die abstrakten Zeichen schaute, formten ihren Lippen den Laut, ganz deutlich, überdeutlich bildeten diese Lippen die Lautgestalten der Buchstaben nach, und meine Mutter begann, diese Laute zu hauchen, schwach noch, und so, daß ich manchmal fürchtete, sie könnte sich mit dieser Aufgabe wohl übernehmen.

Denn indem sie Laute zu bilden versuchte und doch nur hustend und röchelnd vor sich hin stöhnte, überflog ihren Kopf eine finstere Röte, das Gesicht begann zu glühen, und schließlich setzte das Zittern ein, das Körperzittern, von den Händen an aufwärts bis zu den Schultern.

Ich saß meiner Mutter gegenüber, und ich erinnere mich genau, wie ich ihr Zittern mit den Buchstaben in Verbindung brachte, als seien diese Buchstaben heiß oder gefährlich, als könnte meine Mutter sie nur kurze Zeit in Händen halten oder als entwickelten sie in ihren Fingern einen ganz unerklärlichen Zauber. Dieser Zauber aber war mal stärker, mal schwächer. Manchmal blieb sie ganz ruhig, legte mehrere Buchstaben auf ihrer Handfläche in eine Reihe, deutete darauf und zählte sie mir mit den Fingern der andern Hand vor. Dann wieder klebten die bunten Papierschnipsel an der Innenfläche ihrer Hände fest, die andere Hand mußte herbei, um sie zu lösen, meine Mutter schüttelte sich, und ich sah, wie es sie quälte, als stünden die Zeichen unter einer elektrischen Spannung.

Mir selbst erging es ähnlich mit ihnen; ich mochte sie nicht, ich verstand nicht, was sie bedeuteten, es waren sehr bunte, eklige Körper, beweglich, ein unverdaulicher Salat, der in den Orkus gehörte, weil er nur Unheil anrichtete. Ich spürte, daß sie mich verfolgten, jeden Tag erschienen sie, zum Teil repariert oder neu gefertigt, auf unserem Tisch, sie klebten manchmal an den feuchten Außenwänden der Gläser, und sie erschienen selbst auf dem Grund der Teller und Tassen, wenn der Brei gegessen und die Milch getrunken war.

Die Buchstaben waren wie Unholde, kleine, springlebendige Geister, die sich einnisteten zwischen meiner Mutter und mir, die die fremden Provinzen bevölkerten wie rastlose Ameisen, denen kein Weg zu weit und keine Mühe zu groß war.

Ich versuchte, sie auszurotten, ja, ich warf sie weg, ich zerschnitt sie, ich steckte sie wider alle Gebote in den Mund, mußte sie auswürgen, kotzte sie vor mich hin, ich wünschte mir nichts mehr, als daß sie verschwänden, und ich kannte doch den Zauberspruch nicht, der sie hätte fortfegen können.

Im Mai des Jahres 1956, ich war noch nicht fünf Jahre alt, und der Kampf war in den letzten, erschöpfenden Runden – nicht viel hätte gefehlt, und ich hätte aufgegeben für immer, so daß die Buchstaben die Herrschaft angetreten hätten –, schenkte mir meine Mutter ein großes, unliniertes Heft und dazu eine Sammlung von Buntstiften der Marke Faber-Castell. Die Buchstaben wurden aufeinandergeschichtet zu einem Stapel, ich mußte sie einzeln herunternehmen und vor mich hinlegen, um zu versuchen, sie abzumalen und sie in mein Heft zu übertragen.

So habe ich, im Mai des Jahres 1956, mit dem Schreiben begonnen, und ich weiß, daß ich in diesen Maitagen zum ersten Mal erlebte, was ich seither immer wieder zu erleben versuche.

Denn die Buchstaben verschwanden. Einer nach dem andern marschierte in die weißen Seiten meines Heftes und erschien dort in langen Kolonnen, mal besser, mal schlechter. Außerhalb des Heftes aber wurden die Papierschnipsel vernichtet.

Ich durfte sie durchreißen und wegwerfen, ich durfte sie töten. Langsam vor mich hinmalend, die Augen nur Zentimeter vom Blatt entfernt, tötete ich die gefährlichen Buchstaben, die wild herumschlingernden, elektrisch geladenen, um sie in meinem Heft zu befrieden. Unendlich schön, geordnet, in Reih und Glied, wie geschmückte, gebürstete und glatt gebügelte Wesen traten sie in meinen Heften auf, die ich mit Buchstaben vollmalte. Die alten, vertrauten genügten mir nicht, ich erfand neue hinzu, Nachschub an Buntstiften wurde bestellt, ich richtete mich ein in der Klosterzelle der Schrift, wie ein Mönch des Mittelalters saß ich, langsam malend, Miniaturen zeichnend, kostbare Handschriften anfertigend, vor meinen Heften.

Und die Hefte, außen schwarz, durchnumeriert, wurden mein Stolz. Die Hefte waren die Logbücher der fremden Provinzen, die sich zwischen meiner Mutter und mir aufgetan hatten und sich nun zurückbildeten zu immer kleineren, unbedeutenden Zonen. Ein Heft nach dem andern legte ich an, der Zauber der Schrift hatte mich angesteckt, er war nicht mehr zu verdrängen, nie mehr.

Noch heute, Jahrzehnte später, hat das Schreiben für mich etwas von diesem Geheimnis bewahrt, denn noch heute kommt es mir vor, als erlebte ich die Buchstaben sinnlich, wie glühende oder kalte, wie bedrohliche oder anschmiegsame Körper. Zuerst höre und sehe ich die Schrift, ich höre das Sprechen der anderen, meiner Umgebungen, als Klang, wie ich die Schrift empfinde als Rhythmus, als sei der Untergrund der Sprache noch immer das ferne Murmeln, aus dem – wie in meiner Genesis – die Stimmen entstehen.

Das alles grenzt an Musik, und es wäre mir zweifellos lieber, wir verständigten uns nicht durch Worte und Sätze, sondern wie fremde Völker, von denen ich noch in der Kindheit gehört habe, durch anhaltendes Trommeln oder durch Singen.

Dort also, wo die Sprache aus ihrem chaotischen Untergrund wächst, dort, wo sie noch am ehesten Musik ist, Musik wie das kölsche Seufzen in der Umgebung meines Geburtsortes oder das westerwäldische Grunzen in der Nähe meines Elternhauses, dort öffnet sich der Spalt, in den ich, schreibend und singend, hineinschlüpfen möchte.

Als ich mit der Buchstabenmalerei begann, tat sich dieser Spalt zum ersten Mal auf. Und – seltsame Spiegelung – die Erregung meiner Mutter, ihr Rotwerden, ihr Zittern, das Vibrieren ihres Körpers, übertrug sich auf mich. Indem ich schrieb, glühte diese innere Hitze auf, es war, als flössen die Buchstaben und die langen Ketten der Schrift wie heißes Metall durch mich hindurch, um tief im Innern neu und verwandelt zu leuchten.

In der Tiefe dieses Innern aber brodelte die Angst, die alte, nie auszulöschende Empfindung, die Weltraserei, hin auf das dunkle, verschlingende Loch, hin auf die Vernichtung. Manchmal glaube ich, es ist die Kriegsangst, die da in mir rast, manchmal denke ich, ich wurde schon in früheren Zeiten geboren, Jahre vor meiner Geburt war ein Teil meines Ich im Krieg, manchmal glaube ich, die Angst ist eine Kriegskindangst.

So sind die ersten Stunden des Schreibens jedes Mal, wenn es gelingt, Anfällen von Überhitzung vergleichbar, die Außenwelt verblaßt, verfällt und verglüht, während in mir nicht mein eigenes, sondern ein mit der Zeit immer fremderes Sprechen die Herrschaft anzutreten scheint. Die Schrift wird inthronisiert, sie setzt sich ein in ihre Rechte, sie schickt mit den Buchstaben und Zeichen ihre Sendboten, und diese Boten errichten ihre langen Kolonnen, ihre Herrschaftskolonnen, an die mein mündliches Stammeln und Keuchen seine Besitztümer abtritt.

Schreiben ist Brennen, eine Übertragung des Sprechens in eine abstrahierte Musik, das barocke Fest der Schrift.

An zwei Fällen, zu denen ich eine seltsame Nähe empfinde, weil ich glaube, hier Verwandte gefunden zu haben in ihrer Behandlung der Buchstaben, in ihrer Vorliebe für das Buchstabenmalen, das Krickeln, Zeichnen, die ganze Grafik der Laute, habe ich dieses Fest der Schrift studiert: an Mozart und Kafka.

In meinem Buch über den schreibenden Mozart, den jungen Mozart, der zu schreiben versucht und, je länger er schreibt, nur Musik hört, dem also die Musik einfällt ins Schreiben und die Buchstaben verdrängt, in *Mozart. Im Innern seiner Sprachen* heißt es:

Mozart beginnt zu schreiben, und das ist für ihn kein selbstverständlicher Akt. Sein Schreiben soll sein Sprechen ablösen, und gerade das fällt ihm nicht leicht. Sprechen, Sprache und Schrift gehören für ihn nicht schon immer zusammen. Sprechen ist Gegenwart, klingender Laut, Akustik der Umgebung, alles Gestanze und Geseise. Die Sprache aber ist ein Maulkorb, aus dem man herausbellen muß, wenn man am Ende gar schreiben muß. Das Schreiben verleugnet die Gegenwart, denn es tut nur so, als sei es gegenwärtiges Sprechen. In Wahrheit verfällt jeder Laut aber der Stille. Man beugt sich über einen Briefbogen, man rückt die Kerze zurecht – rasen die Worte noch? Nein, man drückt sie mit einer ungelenken Feder auf ein Papier, man ordnet die Worte in Zeilen, und schon verschwinden sie in einer imaginären Ferne... Vor der Schrift ist die Sprache, vor der Sprache das Sprechen, vor dem Sprechen aber die Musik.[*]

---

[*] Hanns-Josef Ortheil: Mozart. Im Innern seiner Sprachen. Frankfurt a. M. 1982, S. 69

2

Lange Zeit habe ich vor allem im geschlossenen Raum meiner Mutter gelebt. Das Mutterreich war eine Art Insel, ein kleines, gut überschaubares Terrain, mit Grenzen und Zäunen. Sein Zentrum war der Leib meiner Mutter, seine Peripherie begann dort, wo die Blicke meiner Mutter nicht mehr hinreichten. Ich war der Schatz dieses Reiches, und zugleich war ich der Wächter und Hüter, denn deutlicher als allen anderen war mir bewußt, was meine Mutter verlangte, was sie umtrieb und ihr Gedanken machte. So schaute und dachte ich nach innen: in den dichten Höhlenraum unserer gemeinsamen Sprachlosigkeit, für den keine Umgebungen mehr zu existieren schienen. Denn jede Umgebung, jedes Ferment von Außenwelt, das uns begegnete, löste sich rasch auf in unserem aneinandergeketteten Empfinden und Fühlen. Wir gehörten auf ebenso magische wie mächtige Weise zusammen, zwei Verbündete, zwei, die sich anders und tiefer verstehen als alle anderen. Um diesen Pakt zu besiegeln, waren die Buchstaben erschienen: meine Mutter hatte sie für mich geschaffen, und ich hatte begonnen, sie nachzuschreiben und einzutragen in die schwarzen Hefte, Kolonnen von Buchstaben, in immer neuen Varianten, eine Heerschar visueller Poesie, die unser Reich bebilderte, ohne daß sie es hätte zum Klingen bringen können.

Geblieben ist mir aus dieser Zeit ein starkes Interesse für überschaubare und nach außen verschlossene Terrains, etwa für Gärten, die nach geheimen Regeln und Gesetzen angelegt sind, für Terrains, die sich um ein verborgenes Zentrum gruppieren, eine Neigung, die sich auch auf Kirchenräume erstreckte, die ihre besondere Faszination dadurch erhielten, daß in ihnen nicht laut gesprochen werden durfte, sondern höchstens geflüstert, andeutungsreich und intim.

Ich genoß den Augenblick, wenn die schwere Kirchentür hinter mir zuschlug, ich suchte meinen Platz, einen Platz in der Mitte der Kirche, von dem aus jederzeit die Flucht zu den seitlichen Nebenausgängen möglich und die Eingangstür wie der Chor gleich weit entfernt waren. Kirchen waren freilich nur dann erträglich, wenn sie beinahe leer waren, kein Gottesdienst stattfand oder sich nur wenige Beter, voneinander entfernt wie zufällig gefallene Würfel, im weiten Langhaus verteilten.

In einem solch dunklen, verlassen wirkenden Raum habe ich zum ersten Mal jene Musik gehört, die mir in der Kindheit die vollkommenste und ergreifendste überhaupt war, den gleichmäßigen, aus tiefer Stille aufsteigenden, sich in wenigen, immer wiederkehrenden Tonfolgen bewegenden Gesang des Chorals, gregorianische Gesänge, die ihre mächtige Wirkung nicht nur deshalb entfalteten, weil sie aus der abgeschirmten Düsternis des Chores kamen, sondern eher noch deshalb, weil die Sänger nicht zu sehen waren. Die Gesichter und das Mienenspiel der Mönche verbargen sich hinter den großen Kapuzen, der Gesang erschien anonym, Ausdruck einer verschworenen und für ewige Zeiten aneinandergeketteten Gemeinschaft, die den Fremden den Zutritt verwehrte.

Gärten also, Kirchenräume, nach außen hin abgesperrte Plätze, Räume einer bestimmten Intimität oder eines zeremoniellen Zusammenseins – sie beschäftigten mich, und ich hatte längst begonnen, solche Räume für mich zu bauen, kleine Bezirke der Verschwiegenheit, die ich, überall, wo ich mich befand, mit wenigen Hilfsmitteln errichtete. Meine Phantasien kreisten darum, daß ich nicht gesehen werden und doch die Stimmen der anderen, die sich freilich nicht direkt an mich wenden durften, hören wollte. Sprachen aber mehrere Menschen (und vielleicht noch zugleich) auf mich ein, erstarrte ich. Ich spürte, wie die fremden Stimmen meinen Kopf besetzten, sie schienen sich in meinem Hirn festzukleben, sich zu vermehren, sie bildeten eine Art grobes Chaos, eine stampfende, mahlende, mich niederdrückende Maschine, die nur dafür geschaffen schien, mir meine Freiheit zu rauben. Die Stimmen der Vielen, ungeordnet, ephemer, zudringlich – sie nahmen mir die Luft. In solchen Situationen erlebte ich die Sprache als

Folter: ich erfror, in meinem Hirn zerhackte ein wütend klopfendes Etwas die Wörter und Sätze zu kleinen Partikeln, Wortschnee, Sprachgeflitter, Massen, denen ich nur dadurch entkam, daß ich mich über meine schwarzen Hefte beugte, wo die Buchstaben einzeln und geordnet aufstrahlten, eine willige Meute, die sich mit Stiften und Farben dirigieren ließ.

Am reinsten aber verwirklichten sich meine Phantasien in einem Traum, der mich verfolgte, einer immer wiederkehrenden Grundstruktur gehorchend, die nur in unbedeutenden Motiven variiert und umgebaut wurde. In diesem Traum nahm ich mit wenigen, unendlich leichten, ja schwerelosen Schritten Reißaus. Ein starker, von hinten wehender Wind, keine Brise, sondern ein eigens für meinen schmalen Körper geschaffener Luftzug, schob mich voran, ließ mich Geschwindigkeit annehmen, hob mich wie eine schaukelnde Feder in die Höhe und pustete mich über die nahen Berge hinweg, so daß ich die hinter den Bergen auftauchende Stadt zunächst aus einigem Abstand, aus weiter Ferne zu sehen bekam, ich blickte hinunter, und je länger ich schaute, je konzentrierter mein Blick wurde, um so niedriger schwebte ich, es war, als zögen mich diese rotbraunen Dächer an, als öffneten sie sich wie Schmetterlingsflügel, um mir einen Platz anzubieten, einen Platz, den ich jedoch einzunehmen mich weigern mußte, denn die erste, noch so leichte Berührung eines solchen Daches (oder gar eine Berührung des Bodens, der Erde) machte dem Traum ein Ende und ließ mich sofort erwachen. Nein, ich mußte mich in einer schmalen, angenehmen Zone zwischen Himmel und Erde aufhalten, einer Art luft- und geräuschlosen Zwischenzone, einem farb- und stofflosen Fluidum, von wo aus ich einen weiten, wunderbaren Blick auf das Leben unter mir hatte, ein Leben, das mir ganz nah war, das ganz deutlich und präzis erschien und doch von meiner Anwesenheit keine Notiz nahm. In diesem Kindertraum war ich der unsichtbare Zeuge, der Beobachter, der Einblick hatte in jedes Haus, in die unbekannten Terrains der Stadt, die Hinterhöfe und Waldzonen, ein Beobachter, dem all die Menschen und Dinge unter mir sich offenbarten, obwohl sie doch stumm waren. Ich glaubte aber, daß sie mir ganz nahe und begreiflich seien, ich konnte der Illusion erliegen, daß mein Blick sie erst zum Leben erweckte und sie durch ihn ihr Leben erhielten.

Die mächtigste, geradezu euphorische Empfindung, die mein Flug mir bescherte, war aber die der Freiheit. Sie erweckte den Eindruck der Dauer, der Ewigkeit, nichts schien diesen Zustand verändern zu können, nichts ihn trüben, es war ein emotionsloser Zustand, nicht vergleichbar mit Gefühlen wie Furcht, Hoffnung oder Angst, sondern ein durch keine irdische Psychologie erreichbarer, undurchdringlicher Zustand, vielleicht eine Art Nachhall fernster Paradiesesphantasien, das ungeheuer geweitete Bild einer emblematisch versiegelten Idylle, die mittelalterliche Ikone des Paradiesgartens.

In diesem Traum nahm die Welt jene Gestalt an, die ich von ihr verlangte: sie war mir nah, und ich hatte doch Abstand genug zu ihr, daß sie mich nicht erdrücken konnte, ich konnte sie überblicken, ich teilte den Ablauf ihrer Bewegungen, und ich war doch zugleich unsichtbar, eine Art fernes Auge, ein die Dinge belebender, inspirierender Blick, der diese Dinge in eine uralte Ordnung rückte, die Ordnung einer ewigen Heimat, eines in seiner Herkunft unergründlichen Zuhauses.

Mein Roman *Fermer* beginnt so:

An einem Vorfrühlingsabend kehrte der junge Fermer nicht mehr in die Kaserne zurück. Es war noch recht kühl, doch waren die ersten Anzeichen des nahenden Frühlings zu bemerken. »Es tut sich etwas«, dachte Fermer, »scheint nicht alles aufspringen zu wollen?«

Um den Vollmond flogen eilend Wolkenfetzen, die sich sofort wieder zerstreuten; die sonst fahle Himmelsdecke war an einigen Stellen weit aufgerissen, und Fermer konnte die leuchtenden Sterne erkennen. Auch die Lastschiffe, die den Fluß hinauffuhren, schienen schneller zu fahren. Auf einem Schiff flatterten Wäschestücke an einer Leine, und eine Tür war so weit geöffnet, daß der Lichtschein auf ein neben der Wäsche stehendes Fahrrad fiel.

»Warum nicht sofort aufbrechen?« dachte Fermer und ging schneller voran. Das Neonlicht zwischen den Platanen am Ufer schien so hell auf die Knospen der Sträucher, daß sie künstlich zu sein schienen. Doch als Fermer plötzlich den noch schwachen Gesang eines Vogels hörte, war auch diese Künstlichkeit so unwichtig geworden wie die anderen verstummten Geräusche. Er wechselte singend den Schritt, begann zu laufen und hielt eine Zeitlang das Tempo eines Schiffes mit.

Schließlich erreichte er die Brücke, die aus der Stadt zu den Vororten führte, und als er sich auf ihrer Mitte umdrehte, sah er die Silhouette der Stadt wie ein eben fertig gewordenes Bild vor sich liegen.*

Oft denke ich, alles, was ich später geschrieben habe, ist eine Erforschung meiner Kindheit. Durch das Schreiben habe ich vielleicht versucht, mir meine schwer zugängliche und mir noch heute sehr rätselhaft erscheinende Kindheit begreiflich zu machen. Darüber habe ich allerdings, als es ernst wurde mit dem Schreiben, nicht nachgedacht. Ich habe lange Zeit versucht, meine Kindheit, die Zeit, in der ich umherlief wie ein Tauber und Stummer

---

* Hanns-Josef Ortheil: Fermer. Frankfurt a. M. 1979, S. 9

und in der sich doch alles so tief und deutlich in meine Erinnerung und mein Empfinden eingrub, zu vergessen. Dann verglich ich diese wortlose Zeit mit der Gegenwart, einer Zeit, in der ich die Sprache beherrschte und in der ich durch diese Sprachbeherrschung, wie es hieß, »aufgeblüht« erschien wie ein in die menschliche Zivilisation aufgenommener Kaspar Hauser. Ich wollte jedenfalls nicht in die Kindheit zurück, nicht einmal in Gedanken, ich hütete mich, mir diese ersten Jahre auszumalen, mir bestimmte Bilder und Einzelheiten zu vergegenwärtigen, so als könnte mich im Falle der Erinnerung ein böser Zauberer zurückversetzen in die Zeit des stummen Daseins.

Jetzt ist das anders, jetzt glaube ich, mein späteres Schreiben kommentiert und bebildert den großen Vorrat meiner Kinderbilder, es erweckt ihre Magie, es versucht, sie zurückzustellen in das Faszinosum ihrer traumhaften, aber auch traumatischen Abgeklärtheit. Jedenfalls erinnert mich die Eröffnungsszene des Romans *Fermer* heute an meinen uralten, immer wieder zurechtbeschworenen Traum. Das allmähliche Schnellerwerden, das Sichbeleben der einzelnen Bildfragmente, ihr Zusammenlaufen, ihr sich allmählich herstellender Gleichklang, ihre innere Musik (wie die Schrittfolge eines Chorals, wie eine melodische Linie Schuberts) – ihre Zusammenschau im Blick von der Brücke, von der es heißt, daß Fermer sich auf ihrer *Mitte* umdrehte, das alles belegt mir diese späte Nachfolge, an die ich, wie ich schon sagte, nicht im geringsten dachte, als ich sie niederschrieb. Ich wußte nur, daß ich sie nicht erfand und noch weniger suchte; was ich schreibend tat, war ein Beschwören, ein In-die-Welt-Setzen, ein Platzmachen für die magischen Details, die ihre Wirkung und ihr Leben nun von selbst entfalten würden.

In dieser Art Trance, diesem intensiven Aufbauen und Anreichern der Bilder, habe ich aber auch später, als ich mir über die Herkunft meines Schreibens bewußter war, immer wieder geschrieben. Die Bilder meiner inneren Anschauung waren zuerst da, kräftige, ausgemalte Bilder einer langen, ja unendlichen Folge, Bilder mit Umgebungen, mit Hintergründen, mit ihren jeweils eigenen Zeiten. Ich spürte die schillernde Gegenwärtigkeit dieser Bilder, sie hatten etwas Beunruhigendes und doch Festes, sie versetzten mich als Betrachter in einen Sog, in dessen Vergehen alles darauf ankam, die Bilder deutlich zu begrenzen, die bedeutsamen von den weniger bedeutsamen Details zu trennen und doch jedes Bild gleichsam mit einer Kennzeichnung, einer Geste, einem Autograph zu markieren. Dieses Autograph ergab sich aus dem Miterleben der Bilder, aus einer nicht an die Oberfläche, sondern in ihren Untergrund reichenden Identifikation. Wie ein Zeichner, der seinen eigenen,

51

unverwechselbaren, nur von ihm so gesehenen Motiven folgt, folgte ich dem Mahlstrom der von mir entworfenen Bilder, unter deren lebhafter Entwicklung ich jedoch Bruchstücke meiner eigenen Geschichte aufschimmern und sofort wieder verschwinden sah.

So schlüpfte ich für einen kurzen Moment in eine Person meines Erzählens, so *war* ich eine Brücke, ein Fluß, eine Wolkenformation, im Erzählen gruppierte ich die Innenwelt um die Gegensätze und Widerstände meines psychischen Haushaltes, ohne doch diesen Haushalt mit Begriffen und Analysen zu belasten.

Denn die Psychoanalyse, dieser naheliegende Weg, sich des Vorrats der eigenen Kinderträume zu bemächtigen, war höchstens eine Verlockung, nie aber ein ernstgenommener Ansatz. Ich hatte früh geahnt, was es mit ihren Konstruktionen auf sich hatte, noch heute erinnere ich mich, wie in einem Gespräch unter Erwachsenen einmal davon die Rede war, ich begriff nicht, was sich hinter dem Wortungetüm, *Psychoanalyse*, verbarg, nur das Bruchstück *Analyse* blieb hängen, ich erinnere es deutlich als das erste reich und verführerisch aufleuchtende Fremdwort meines Lebens, *Analysen*, ich war kaum acht Jahre alt, da hörte ich es und ließ es mir aufschreiben, um es nachzuschreiben.

Um dieses Fremdwort lagerten sich Vorstellungen von Zergliedern, Kleinmachen, Sichverdeutlichen, Vorstellungen von langem Hinschauen, und da es in den Reden der Erwachsenen den unüberhörbaren Nimbus eines medizinischen Begriffs hatte, glaubte ich, damit sei mein langes Starren auf einen festen Punkt gemeint, ein Starren, das auch im Alter von acht Jahren noch immer an mir auffiel. Anders als die übrigen in meiner Nähe verwendeten medizinischen Begriffe schien der Begriff *Analyse* jedoch nichts Negatives zu haben, für mein Ohr hatte er etwas von einem Zauber, als verfügte ich mit meinem Blick über eine kostbare Gabe, die Gabe des *Analysierens*, worunter ich mir die Fähigkeit einbildete, in die Dinge hineinzuschauen, mitten in sie hinein, mitten in ihr Herz.

Damals, mit acht Jahren, folgte ich diesem schönen Wahn. Wie längst zur Gewohnheit geworden, legte ich für meine *Analysen* ein eigenes Heft an, es war, wie ich noch genau weiß, ein hellgelbes (in der Farbe den Sonnenstrahlen nacheiferndes) Heft. In dieses Heft aber trug ich ein, was ich in den Zuständen meines erfrorenen Schauens gesehen hatte, Winzigkeiten also, die Bewegungen eines Vogels im Schnee an einem der Futterplätze, die langsamen Verschiebungen der Zweige und Äste im Wind, die Unterschiede zwischen Buchen-, Birken- und Eichenblättern, Mikroskopien, von denen ich annahm, daß sie gerade mir ihre Geheimnisse preisgaben.

Jahre später, als die *Psychoanalyse* die *Analysen* der Kindheit hätte ablösen können, machte ich einen weiten Bogen um sie. Natürlich hatte ich durch Lektüren und Gespräche längst eine Vorstellung von ihren Themen und Inhalten, doch war diese Vorstellung von Anfang an eine hämisch gefärbte. Auf kein Theoriengebäude habe ich je so ausgiebig und beinahe leidenschaftlich mit einer ungebrochenen Häme geantwortet, *Psychoanalyse* hielt ich für die Selbsterforschung von Dilettanten, die ihrem eigenen Leben grundlos mißtrauten, sich auf falsche Pfade führen ließen, bereitwillig fremde und meist verhunzte, undeutliche Begriffe übernahmen, eine Art säkularisierter Protestantismus, das ewige Unbefriedigtsein in der Welt, die jammernde Klage über unser dunkles Los.

Einer solchen Häme und solchen Widerständen lag die Vorstellung zugrunde, daß kein Fremder, kein fremdes Wort, keine fremde Leitung sich in die Selbsterforschung einmischen dürfe. Denn diese Erforschung, den Vorgang des immer bewußter werdenden Umgangs mit den kaum ergründlichen psychischen Dateien der eigenen Herkunft, hielt ich für eine Art sakralen Akt, für den denkbar intimsten Dialog des Menschen mit sich selbst, in dem nichts mehr fehl am Platze wäre als ein Dritter. Das Ich im Kampf mit seinen Hemmungen – dazu bedurfte es in meinen Augen weder eines Priesters noch eines Psychoanalytikers, letzterem galt immer und uneingeschränkt mein tiefstes Mißtrauen, ich hielt ihn für einen Schamanen und hatte jahrelang das kindischste Bild selbst von seinem Äußeren, immer derselbe Typus, ein weicher, scheinsicherer Bartträger, ein Windpfurz der Zeitgeiste, ein Afterseelenschmecker und Menschenzerkleinerer.

Heute glaube ich, daß dieses negative Bild dadurch entstand, daß ich im Psychoanalytiker die Figur des Fremden überhaupt fürchtete. Der Psychoanalytiker war der Fremde, der ins Innere der Seelen einzudringen suchte, um sie zu zerschneiden und ihnen dadurch das Leben zu nehmen, er war die finstere Gestalt des fremden Bösen, die sich wie ein sprachverzettelter Schwätzer einnistete, um falsche und aufdringliche Vokabeln auszustreuen und ihren Dienst tun zu lassen. In diesem Fremden sah ich die einzige drohende Gefahr, in der Kindheit übernahm er das Bild des Einflüsterers, des gefallenen Engels, das Gegenbild Gottes also, dessen Wirken ich für die positiven und hellen Seiten des Lebens reserviert hatte. Gott schenkte, der Analytiker raubte – auf diesen entwaffnend einfachen Gegensatz lief mein Schaubild der kosmischen Kräfte hinaus, zwischen beide Gestalten aber schob sich mit der Zeit ein Dritter, halb nah, halb fremd, die Gestalt eines unerforschten, vorerst nur erahnten Weges, die Gestalt des *Erzählers*.

Damit diese Gestalt wachsen konnte, bedurfte es des Bruchs mit den stillen, geschlossenen, in sich versunkenen Bezirken, den Gärten und geschlossenen Räumen, den auratisch erscheinenden Zonen der Innenwendung, es bedurfte der zumindest vorübergehenden Entfernung aus dem Mutterreich, es bedurfte einiger Schritte hinaus. Diesen Anlauf verdanke ich meinem Vater. Denn wenige Monate, bevor ich eingeschult werden sollte, begann mein Vater, offen und unverblümt um meine weitere Entwicklung zu fürchten. Hatte er lange genug angenommen, es werde mit mir schon von Jahr zu Jahr voran und besser gehen, so deutete trotz meiner Schreibanstrengungen schließlich nichts darauf hin, daß ich anfangen würde, in geordneten Formen zu sprechen. Man zeigte mir die Buchstaben, und ich lallte das überanstrengte Kauderwelsch eines Silbenchinesisch, man redete weiter mit Hingabe auf mich ein, und ich zog mich zurück, sobald der gefürchtete Redestau um mich herum eintrat. Meine Mutter schien mir nicht mehr helfen zu können, sie selbst bedurfte noch immer der Hilfe, obwohl sich ihr Zustand auffällig gebessert hatte, als sie mit ihren Buchstabenspielen bei mir Erfolg gehabt hatte.

Seit es jedoch auf den Schulbeginn zuging, erhielt diese Konstellation eine Verschärfung, mein

Vater fürchtete, ich werde, wie es hieß, *für immer und ewig* ein sogenannter *Spätentwickelter* bleiben, den anderen hinterher. Wenn das Kind, sagte mein Vater in seiner drastischen Art, wenn es so bleibt, wenn es bis zum Schulbeginn keine Fortschritte macht, ist sein Leben *für immer versaut.*

Die *Versauung* – ich hatte lange kein schlimmeres Wort gehört, denn ich stellte mir darunter eine Art von Verrohung, einen Verfall, ein Absinken in tierische Verhaltensweisen, eine Art lebenslanges menschenunwürdiges Grunzen und Vegetieren vor. *Versaute* waren irgendwie verdreckte und heruntergekommene Gestalten, halb im Schlamm steckengeblieben, Visagen mit Kalbsköpfen, Unterirdische, die nie mehr zugelassen wurden zu den Banketten der Überirdischen, stinkende und ausgegrenzte Fabelwesen, die nie mehr eine Ordnung in ihr Dasein bringen würden. Aufgeschreckt, aus meiner Spielruhe gescheucht, begann ich, meine geheimen Orte und Rückzugsplätze aufzuräumen. Dort, wo ich mich aufhielt, sollte es *sauber* sein, die Dinge sollten in Reih und Glied nebeneinander stehen, das Spielzeug ordentlich in der Kiste liegen, die Harmonie der Gegenstände gewahrt.

Ich erinnere mich, wie ich innerlich immer wieder repetierte, *du kommst hierhin, du kommst dahin,* wie ich meine Ordnungen den Dingen befahl, *hast du nicht gehört, soll ich dir alles zweimal sagen, du bist ein ungezogenes..., du bist ein... Querkopf,* so lange und intensiv, bis ich bemerkte, daß mir die genauen Bezeichnungen für meine Spielzeuge und die kleinen Gegenstände, die ich von draußen – meist heimlich – mit ins Haus brachte, fehlten. Diese braune, runde, unebenmäßige, glänzende Knolle, wie nannte man sie denn, wie sagte man, wenn man ihr befehlen wollte, wie redete man sie an?

Was sich nicht anreden ließ, wollte nicht gehorchen, kollerte über den Teppich unter den Schreibtisch meines Vaters, versteckte sich hinter dem Papierkorb. *Du Etwas,* herrschte ich die Gegenstände an, doch es kam mir so vor, als verhöhnten sie ihren sprachlosen Besitzer, als machten sie mir etwas vor, als wollten sie mir bedeuten, daß ich ein *Versauter* sei, dessen verworrenen Reden keine Macht zukam.

Was mir fehlte und wonach ich unwissend suchte, war die Kunst der Benennung. Daß es sich dabei um eine Kunst handeln mußte, begriff ich von dem Augenblick an, als mir die Gegenstände ihr häßliches Gesicht zu zeigen begannen. Sie wendeten sich, dachte ich, von mir ab, sie ließen mich in meiner *Versautheit* zurück, sie wollten *nichts von mir wissen.* Genau diese Wendung, *nichts von einem wissen wollen,* hatte mein Vater benutzt, als er sich über meine Zukunft in der Schule Gedanken gemacht hatte. Niemand, hatte er gesagt, wird *etwas von ihm wissen wollen*, niemand, *er hat ja auch nichts zu sagen*. Wer *etwas zu sagen* hatte, verteilte Befehle, ordnete seine Umgebung, entwuchs den Legionen der *Versauten*, die sich im brabbelnden Quelldreck der Sprache suhlten.

Die Kunst der Benennung war die Kunst des Befehls und der Unterordnung der Dinge.

Nun war es nicht so, daß man sich in all der bisher verstrichenen Zeit meiner fünf Kinderjahre keine Mühe gemacht hätte, mich in die Kunst der Benennung einzuführen. Noch immer saßen die nachbarlichen Erzähler vor mir, schauten mich fragend an und sprachen von ihrer Arbeit. Ich war eine Gestalt reger Anteilnahme und großen Interesses, aber ich war zugleich auch ein Fall, eine medizinische Fußnote in irgendeinem Wälzer, Kapitel Achtzehn, autistische Blockaden. Davon, von diesem Ausnahmezustand, den er immer gehaßt und mit bitteren Kommentaren begleitet hatte, wollte mein Vater nichts mehr wissen. *Ach was!* rief er, wenn man ihm vorhielt, daß man mich nicht belasten dürfe mit allzu vielen neuen Worten, *ach was!* damit spuckte er seine Verachtung der großen und kleinen Mediziner heraus, die alle paar Monate mit einer neuen Theorie über meine Sprachunmündigkeit aufwarteten. Am liebsten hätte er mir einfach zugerufen *nun sprich!*, und es wäre ihm nur natürlich vorgekommen, wenn ich, *wie der Herr ihnen zu beten gelehrt hat*, aufgestanden wäre, um zu sprechen.

Da mit einer solchen einfachen Bekehrung nicht gerechnet werden konnte, nahm mein Vater sich vor, mir *seine Zeit zu opfern. Geopferte Zeit* war preisgegebene, geschenkte Zeit, eine Fülle von Minuten und Stunden, mit denen mein Vater so sehr geizte, daß man sich entschuldigte, wenn man ihm Zeit *gestohlen* hatte. Daß die Zeit etwas Einzigartiges, nicht Wiederkehrendes, Kostbares war, war ihm aus seiner Zeit als Bauernjunge auf einem großen Hof geblieben. Die Zeit war die Ausdehnung des nützlichen Tuns, jedes nützliche Tun dehnte und faßte die Zeit, unnützes Tun aber führte, wie ich mir leicht ausmalen konnte, unweigerlich zur *Versauung.*

Daß mein Vater ankündigte, mir *Zeit schenken* zu wollen, versetzte mich in Verlegenheit. Ich wußte, er hatte anderes zu tun, es quälte ihn, einen Fünfjährigen in die Sprache einzuführen, so etwas erledigte sich normalerweise von selbst. Das Zeitgeschenk markierte daher unwiderruflich den Beginn der ernsten Phase des Lebens. Es war, wie ich dachte, das größte Geschenk, das mir bisher gemacht worden war, und es war, sollte es sich als ein Fehlgriff erweisen, das letzte, das mein Vater mir schenken würde. Beide Momente, seine Seltenheit, seine Unbedingtheit, machten dieses Geschenk zu einer bedrohlichen Geste. Wenn ich es nicht erwidern konnte, war ich verloren, das wußte ich.

Im Frühsommer des Jahres 1957 nahm mich mein Vater für einige Wochen mit in den Westerwald. Wir wohnten auf dem Gut seiner Eltern in einem kleinen Zimmer, das sonst für Feriengäste bestimmt war. Jeden Morgen standen wir in aller Herrgottsfrühe auf, frühstückten einfach und vor allem kurz und gingen hinaus. *Wir gehn über die Felder*, sagte mein Vater, und die wenig präzise Auskunft bezeichnete doch genau, was in den folgenden Stunden geschah. Wir gingen einfach los, rechts ab, einen kleinen Fluß entlang, über die Brücke, eine gewundene Straße hinauf…, wir gingen ohne Absicht und Ziel, gerade, wie es uns paßte, aus den schattigen Zonen heraus auf die sonnigeren Lichtungen und Wiesen. Wir brauchten keine Karten, mein Vater kannte die Gegend sehr genau, und obwohl er ein geradezu leidenschaftlicher Kartenleser und Kartenbenutzer war (natürlich mußten es Meßtischblätter sein, hochexakte Karten eines winzigen Territoriums, Karten mit allen nur denkbaren Flurnamen), ließ er sie doch diesmal in unserem Zimmer liegen, um sie später, nach unseren Wanderungen, durchzuschauen.

Sicher hat er befürchtet, daß ihn die Karten zu sehr in Anspruch nehmen könnten, er ließ sie zurück, weil er frei sein wollte für das, was er *das Programm* nannte, ein einfaches und nüchternes Programm, wie es nur einem einfallen konnte, der sich nie pädagogische Gedanken gemacht hatte, sondern noch immer in beinahe urtümlichen Kategorien dachte, biblischen Kategorien, könnte man beinahe sagen, denn mein Vater lief mit mir über die Felder wie einer, der den Dingen die Sprache einimpfen wollte.

Und so deutete er auf die Lebewesen und Gegenstände, die uns begegneten, und brüllte dazu die Wörter, noch heute habe ich manchmal diese herausgebrüllten Laute im Ohr, es waren nie ganze Sätze, sondern nur die Substantive, kraftvoll und übergenau artikulierte Dingwörter, die mehrfach ausgestoßen wurden, wobei mein Vater mit der Rechten auf den entsprechenden Gegenstand zeigte, ebenfalls mehrfach, mit dem Zeigefinger erregt immer wieder darauf hinweisend, als sollte der Gegenstand durchlöchert werden.

Mein Vater wartete aber gar nicht erst darauf, daß ich die Wörter nachsprach; hatte er das passende Wort vor sich hingerufen, zogen wir weiter. Wir waren nicht unterwegs, um Freude an der Natur zu finden, die Natur diente nur als ein Demonstrationsobjekt, die Weite der Landschaften verwandelte sich in ein ungeheures Lexikon, sehr detailliert, so daß ich die Dinge in meiner Umgebung in anderem Licht sah, kleiner, beinahe geschrumpft, als habe jedes Ding ein winziges Fähnchen, auf dem sein Name stand.

All diese Fähnchen aber bildeten zusammen einen verwirrenden Blätterwald, nie hatte ich bisher geahnt, daß man für jede Kleinigkeit ein Wort erfunden hatte, wie ich ja bisher auch nicht unterschieden hatte zwischen Roggen, Gerste und Weizen, ganz zu schweigen von den Unterschieden zwischen Gabeln, Hacken, Sensen und Eggen.

Wollten sich mir die neuen Worte in dem von meinem Vater diktierten Tempo auch nicht einprägen, so begriff ich doch rasch, wie weit ich *zurück* war, mit den einfachen Grundbegriffen war es nicht getan, schaute man sich alles genauer an, so schienen sich diese Grundbegriffe sogar in Luft aufzulösen. *Getreide* – so sagten die, die von der Sache nichts verstanden und sich der Sprache höchstens ganz oberflächlich bedienten, von *Geräten* redete man, wenn man von der exakten Benutzung der einzelnen Gegenstände nichts wußte.

All das, was ich bisher an Sprache aufgenommen hatte, war ein dürftiger, schwacher und undeutlicher Wortstrom, der zwischen den Gegenständen herumschlingerte, hier anstoßend, dort sich verteilend, eine Art quecksilbriges Wortrinnsal, das nur flüchtige Nachbarschaft mit den Dingen hielt. Hier aber, im *Programm* meines Vaters, nahm die Sprache eine andere Kontur an: sie wurde zu einem vom Himmel herabstürzenden Wortwasserfall, dessen einzelne Tropfen wie dichte, kompakte Körper erschienen.

Die Worte hatten einen ganz bestimmten Klang und eine ganz bestimmte Gestalt, sie vergingen einem nicht im Mund, es waren konkrete, feste Lebewesen, die unter Aufsicht standen. Auf unseren langen Wegen standen die Worte unter der Aufsicht des Sehens, nur die betrachteten Gegenstände erhielten einen Namen, wie umgekehrt die Namen nur deutlich zu erkennenden Gegenständen galten und nicht abstrakten Phantomen.

Man konnte die Gegenstände anfassen, ähnlich mußte es auch mit den Worten sein: man konnte sie fassen, drehen und wenden, auch die Worte waren also zu betrachten.

Wie dies geschehen konnte, wurde mir deutlich, wenn ich am Abend – nach einer Mahlzeit, die ich mir wünschen durfte und die eine Tante mir mit einer Begeisterung kochte, die einen hätte vermuten lassen können, ich sollte zugleich auch mit den verschiedenen Steigerungsgraden von *Sattheit* bekannt gemacht werden – mit meinem Vater wieder im Zimmer saß. Dann nämlich ließ er mich eines meiner schwarzen, wild vollgekritzelten Hefte herausholen. Wir überschlugen einige Seiten, die leer bleiben mußten, diese leeren Seiten schienen den Abstand zu allen Anstrengungen zu markieren, die ich bisher unternommen hatte.

Was nun von meinem Vater notiert und gezeichnet wurde, das hatte nichts mehr mit meinen Buchstabenspielen zu tun, die Zeiten der visuellen Poesie waren endgültig vorbei, mein Vater wollte davon nichts mehr wissen, was ihn beschäftigte, war so etwas wie *Realismus*, die Kunst der genauen Benennung, die Worte unter der Aufsicht des Blicks.

Denn an den Abenden zeichnete mein Vater den Roggen, den Weizen, die Gerste, kleine Schaubilder entstanden, neben die die Worte traten, große, mächtige Wortkörper, aus meinen früher so einfältigen Buchstaben zusammengesetzt, Buchstabengirlanden, die die Zeichnungen umrankten. So trafen die Worte mit den Abbildern der Dinge zusammen, zuerst sah und erkannte ich die Bilder wieder, ja, genau, diese Bilder erinnerten, was wir auf unseren Wegen gesehen hatten, vereinfacht zwar, mit einem alle Minuten gespitzten Bleistift skizziert, aber doch so, daß die wesentlichen Merkmale der Gegenstände zu erkennen waren.

Mit Hilfe solcher Bilder konnte man sich die Gegenstände einprägen, die Bilder machten aus den Gegenständen Teile einer Erinnerung, und um sie aus dieser Erinnerung heraufzuholen, bedurfte es der Worte.

All die weiten Landschaften, die ich bisher nur mit Furcht zu betrachten gewagt hatte, all die Höhenwege und Talschluchten, die ich mit mei-

65

nem Vater aufsuchte, während ich sonst meist nach nichts mehr verlangt hatte als nach geschlossenen, deutlich abgegrenzten Räumen – all diese Objekte verloren durch die Zeichnungen und die Wortschöpfungen meines Vaters an Bedrohung. Die Erfahrung, die ich jetzt machte, war vielmehr eine genau entgegengesetzte: die Bilder und Worte schienen die Weite der Landschaften für mich einzufangen.

Die Fremdheit der Dinge, die mich früher erschreckt hatte, hatte damit zu tun gehabt, daß ich die Dinge nicht gekannt hatte und daß sie in erschreckender Vielzahl und Vereinzelung vor mir erschienen waren. Jetzt aber waren sie miteinander verbunden: Teile der großen Bilderschrift meines Vaters, die die Welt für mich zu öffnen versuchte, damit ich nicht länger in meinen einsamen Buchstaben- und Denkkäfigen zurückbliebe.

Wenn man mich heute fragen würde, was ich mir unter einem Roman vorstellte, welche Idee ich davon hätte, welches Bild, so würde ich antworten: ein Roman ist für mich ein Weg durch eine Landschaft oder eine Landschaftenfolge oder ein Ineinanderübergehen verschiedener Landschaften, eine Art Landschaftsreigen.

Vielleicht ohne es zu ahnen oder genau zu wissen, habe ich die Form des Romans schon immer nach dem Modell der Landschaft betrachtet, und zwar nicht nur in dem Sinn, daß die Landschaft das erste und intensivste Objekt meines Schreibens war, sondern tiefergehender so, daß die Landschaft den anderen im Roman auftauchenden Objekten – Personen, Dingen, aber auch Ideen – gleichsam erst ihren Ort zuwies.

Wie die Idee der Landschaft die älteste ist, die mich beschäftigt hat, so war die Form des Romans die erste, die ich für mein Schreiben entwickelte. Landschaft war jene geweitete Ordnung der Welt, in der die einzelnen Zonen etwas von geschlossenen Terrains hatten, die man nacheinander durchlebte, und Landschaft war andererseits eine Ordnung, die dadurch erinnert oder hervorgerufen werden konnte, daß man eine Auswahl von Worten und Namen (ganz bestimmte, detaillierte) miteinander verband.

So entwickelte sich aus der Vorstellung der Landschaft die des Romans, der Roman war die in Bewegung und Aktion versetzte Landschaft, in der die einzelnen Worte etwas von sympathetischer Anhänglichkeit hatten, in der sie innerlich miteinander so verbunden waren, als gehörten sie zu einer Art Familie. Im Roman ging ein Bild langsam ins andere über, der Blick mußte sie durchleuchten und begrenzen, sehr allmählich und kontinuierlich.

Solche Grundimpulse drängten zu einem chronologischen Nacheinander. Von Anfang an habe ich mich äußerst schwer damit getan, anders als chronologisch zu erzählen. Die Chronologie war für mich Ausdruck einer gesetzmäßigen Folge, einer Folge, die nicht von mir, dem Erzähler, sondern von seinen Objekten, den Landschaften, vorgegeben wurde. Zugleich erlaubte der chronologische Umgang mit meinen Objekten den langsamen, festgehaltenen und ausdauernden Blick. Schon einfache Zeitsprünge und Zeitschnitte irritierten mich früher, weil durch diese Mittel der kontinuierliche Fluß der Beobachtung unterbrochen wurde. Zeitsprünge und Zeitschnitte wirkten bedrohlich, weil mich die Frage beschäftigte, was denn in diesen ausgeblendeten Zeiten geschehen war.

So erinnere ich mich genau, daß ich in meiner Kindheit dazu überging, Geschichten, die ich gelesen hatte, auszuerzählen. Mit diesem Auserzählen glaubte ich die offenkundigen Lücken der Geschichten, die durch Zeitraffungen oder Zeitsprünge entstanden waren, stopfen zu müssen. Die Lücken machten die Geschichten unvollkommen, wie auch jedes Ende eine Geschichte keineswegs zur Ruhe brachte. Geschichten waren in meiner Vorstellung unendlich, ein Ende ließ den Faden lediglich irgendwo liegen, der von einem Erzähler erneut aufgegriffen und fortgesponnen werden konnte. Dieses Fortspinnen aber war für mich ein allmähliches Entwickeln *in* der Zeit oder besser *parallel* zur Folge der Sekunden und Minuten. Die Zeit umzubauen, sie in Stücke zu teilen, sie neu zu ordnen: das kam in meinen Augen einem Gesetzesbruch gleich, denn durch diese Verschiebungen wurde der große, kosmische Raum der Landschaft zerstört. Ich war kein moderner Erzähler, ich war ein naiver, einer, der geradezu zwanghaft an der ununterbrochenen Folge des Gesehenen festhielt, um der Einheit des Blicks willen.

Wenn ich vom Roman als einer Landschaft spreche, als einem großen Raum, in dem die Einzelheiten, durch den Detailfetischismus der Worte gebannt, eine Art verwandtschaftliche Beziehung unterhalten, so ist das ein Bild, eine Metapher. Nicht in all meinen Romanen kommen Landschaften vor, obwohl zwei dieser Romane, *Fermer* und *Abschied von den Kriegsteilnehmern*, landschaftliche Panoramen zum Hintergrund haben und die Beziehung der Personen zu diesen Hintergründen für die Geschichte von Bedeutung ist.

Der Roman *Hecke* spielt zwar in einer recht genau fixierten Landschaft, sein eigentlicher Raum aber ist auf den ersten Blick ein Haus, das Elternhaus des Erzählers. Auch dieses Haus hat für mich jedoch den Charakter einer Landschaft, schon dadurch, daß es vom Keller bis zum Dachboden durchstöbert wird. Es ist, als wollte der Erzähler dieses Haus während seiner Recherchen auseinandernehmen, oder genauer: es ist, als sollte dieses Haus auseinandergefaltet werden. Die einzelnen Zimmer haben etwas von kleinen Landschaften, von Zonen, das Badezimmer, das Eßzimmer – sie sind wie Elemente einer Topografie, und um das Haus herum beginnt der Garten, ein erster Ring des Fremden, des Außen, der durch Bearbeitung und Kultivierung dicht an das Haus angegliedert wurde:

Das Haus lag im Schatten der Bäume. Ich umrundete es zur Hälfte; der große Steingarten bedeckte die ansteigenden Flächen, bevor auf einem ersten Plateau Frühblüher und Stauden anzutreffen waren. Eine schmale Bruchsteintreppe führte hinauf zu einem sonnigen, windgeschützten Platz, der von einer Birkengruppe eingerahmt wurde. Hier hatten wir an den Sommerabenden oft gesessen. Meine Mutter liebte den Garten. *

Im Roman *Schwerenöter* spielen Landschaften im konkreten Sinn eine nur sehr untergeordnete Rolle, hier ist es die Zeit, die gleichsam als Konstante die verschiedenen Topographien des Romans zusammenhält. Die einzelnen Kapitel dieses Romans sind Zeitverdichtungen und Zeitabschnitte, sie sind Zeitverhältnisse eines genau fixierten Zeitabschnitts: von 1948 bis 1983. Die einzelnen Zeitstufen bilden aber, zusammengenommen, eine Art

---

* Hanns-Josef Ortheil: Hecke. Frankfurt a. M. 1983, S. 92f.

Panorama, die Zeitstufen sind Momente einer Landschaft, und ihre Folge ergibt so etwas wie deren Gesamtbild.

Der Roman *Agenten* schließlich spielt in einer Stadtlandschaft, es sind die Zonen der Stadt Wiesbaden, die hier zu Elementen der Topographie werden:

Wir bogen in die Taunusstraße ein, nach wenigen Schritten quollen uns die warmen Nebel des Kochbrunnens entgegen und sonderten auf der Haut einen prickelnden Film ab. Auf dem kleinen Platz saßen die Nachtschwärmer in der Nähe der ausgebleichten Granitschale, in Gruppen verteilt, wie fahrendes Volk, das bald wieder aufbrechen würde. Wir gingen an den Antiquitätengeschäften vorbei, es war Blümchens Revier, die Zone der alten Läden mit einem leicht französischen Flair, verspieltes Rokoko in den Fenstern und hier und da ein betonter ausgeleuchtetes Bild, deutsche Schulen des letzten Jahrhunderts, Gartenidyllen oder Kampfszenen germanischer Sippen. Hier waren die teuren Wagen plaziert, an den Straßenrändern entlang, seltene, mit ihrer Unauffälligkeit protzende Modelle, dunkle Farben, die Karosserien ganz auf Blüte gebracht. Ihre Besitzer ließen sie oft stundenlang nicht aus den Augen und standen an den Theken der aufgeputzten Bistros wie treue Liebhaber, die sich sonst um nichts scherten. Keiner von ihnen nahm eine der ausgetretenen Treppen zum Bergkirchenviertel hinauf, denn dort oben begann ein anderes Gelände, Kneipen des alternativen Milieus mit *den Nachrichtenbörsen für die eingeweihten Cliquen, gut abgeschirmte Terrains, wo es oft um Reminiszenzen ging oder um ewiggestrigen Streit. Hier unten jedoch war eine noble Gangart gefragt, Spielereien mit Mitbringseln und Lückenbüßern, man verlangte nicht viel voneinander, gutes Aussehen genügte. Ein paar Restaurants, die es beim Anspruch beließen, einige Kneipen, hastig zusammengewürfelt, auf raschen Umsatz erpicht. Neon und hinhaltender Rock, umgängliche Bedienung und müde Budenfiguren für alle Fälle. Schon war man über die Grenze hinaus, die Stadt war auf solche Brüche geeicht, und sie hatten nichts Schreckendes, sondern wurden aufgefangen von weichen Übergangszonen, Laternenalleen, Häusern mit großzügigen Treppenaufgängen, schließlich von der erkalteten Sphäre des Tals.**

Solche Passagen mögen verdeutlichen, wie der Detailfetischismus der Worte und Namen die Regionen der Landschaften zusammenhält. Die langsame Kamerafahrt der Szene streift die einzelnen Milieus, das Milieu der Antiquitätengeschäfte, der teuren Wagen, der Eckensteher, der Restaurants, der Kneipen. Jedes dieser Milieus wird durch wenige, aber präzis benannte Details ins Leben gerufen: französisches Flair, verspieltes Rokoko – das macht die Antiquitätenläden ebenso vorstell-

---

* Hanns-Josef Ortheil: Agenten. Roman. München/Zürich 1989, S. 121f.

bar wie die Bilder in den Fenstern, die, wie es heißt, deutschen Schulen des letzten Jahrhunderts, Kampfszenen germanischer Sippen.

Am Anfang ist daher so etwas wie das Bild einer Straße, einer Szene, einer Region. Das chronologische Erläutern durchmustert dieses Bild, indem es auswählt: einige prägnante Details, möglichst individuell, möglichst so, daß ein besonderer, körniger oder würziger Gestus des Betrachteten in den Vordergrund gerät. Die Kombination solcher Details liefert ein pointillistisches Bild, das der Erzähler dann präsentiert.

In diesem Sinn können ein Haus, eine Stadt, ja, wie kurz angedeutet, sogar die Zeit zu einer Art Landschaftenfolge gedehnt werden. Auch das Zeitliche kann schließlich aufgefaßt werden wie ein Raum, in dem ein Geschehen sich entwickelt. Romane sind dann Landschaften, in einem erweiterten, metaphorischen Sinn. Die einzelnen Objekte sind dabei wie Glieder in einer Kette, wie Elemente eines Gehäuses.

In den Frühsommerwochen des Jahres 1957 erreichte mein Vater in mehreren Wochen, daß ich rasch begann, die neuen Worte zu erproben und miteinander zu kombinieren. Ich bildete meine ersten Sätze, und da dies ein gewaltiger Fortschritt war, überging man vorerst die Tatsache, daß viele dieser Sätze keinen rechten Sinn ergeben wollten.

Allen in Erinnerung geblieben ist vor allem jener Satz, den ich nach unserer Rückkehr nach Wuppertal erfand. Zur Belohnung für meine Anstrengungen nahm mich mein Vater zu meiner ersten Schwebebahnfahrt mit. Der Eindruck, den die Fahrt in dem knapp über der Erde und zwischen den Häusern schwebenden Wagen auf mich machte, war überwältigend. Denn die Fahrt ähnelte den Bildern meines immer wiederkehrenden Traums, meines Urtraums. Es war, als nehme man Reißaus in den Himmel und schaute, durch Tarnkappen unsichtbar gemacht, heimlich in die Wohnzimmerstuben rechts und links. »Wir fahren den Traum«, rief ich, und niemand wußte, was ich meinte.

Die Fahrt ging von der Haltestelle Döppersberg bis zum Zoo. An der Haltestelle Zoologischer Garten stiegen wir aus und statteten den Elephanten einen Besuch ab. Die Elephanten schwankten lustlos und schwer durch das große Freigehege, schwenkten den Rüssel, blickten melancholisch in die Runde und warteten ungeduldig auf die Heuballen. »Jetzt fressen sie«, sagte mein Vater und fuhr fort, als wollte er ein letztes Mal sein Programm testen: »sie fressen..., na was..., sie fressen...?« – »Sie fressen die Worte«, rief ich, »sie fressen alle tausend Worte.«

3

Von Anfang an haßte ich die Schule. Die Schule war der fremde, kalte Raum, in dem ich an den Vormittagen gefangengehalten wurde, freiwillig wäre ich nie dorthin gegangen. Am frühen Morgen mußte meine Mutter mich den ganzen Schulweg begleiten, je näher die Schule kam, um so lauter schrie ich, denn ich wollte nach Hause gebracht werden. Ich stand zitternd vor dem großen Schultor, schlug mit Händen und Füßen um mich und mußte die letzten Schritte in das dunkle Gebäude geschoben werden. Die Mitschüler beachtete ich nicht, im Klassenzimmer, in dem es nach Kreide und Bohnerwachs stank, setzte ich mich in eine der hintersten Reihen. Ich wollte den Anorak nicht ausziehen, die Kapuze sollte mich unsichtbar machen, und da die Lehrerin auf Gewalt verzichtete, saß ich die erste Zeit allein und vermummt in meiner Bank wie ein Schwerkranker, ein Aussätziger, der Haut und Haare nicht zeigen wollte.

Und wahrhaftig dachte ich anfangs, die Schule sei eine Anstalt voller gefährlicher Gerüche und Dämpfe. Wer an der Kreide leckte, dem wurde die Zunge dick, wer den Mitschülern die Hand gab, den befiel ein rötlicher Ausschlag. Die Schule war voller Pestgeruch, eine dicke Wolke von Krankheitserregern, die die Mitschüler gleich stoßweise ausschieden. Dazu der Gestank fremder Wohnungen, ein bitterer Mief von Küchen und Wohnzimmern, eine dumpfe Mixtur, die sich in den Kleidern der anderen festgesetzt hatte, Kleider, die draußen im Gang in Reih und Glied an winzigen Haken hingen, um dort ihre Bazillen auszuregnen. Besser nie einen dieser Mäntel berühren, besser sich schützen vor den vielen unsichtbaren, aber deutlich zu riechenden Fremdkörpern, die über Tische und Bänke kugelten, um einen zu vergiften.

Ich hielt mich verborgen, niemand durfte mir zu nahe kommen, niemand mich berühren, niemand neben mir sitzen, ich wollte allein bleiben, wie ich in den Jahren zuvor allein gewesen war, einer, der sich nur zu Hause wohl fühlte, mit den bevorzugten und immer wieder traktierten Spielgegenständen, mit der immer größer werdenden Schar seiner Hefte und Kladden. Ich zog die Schultern hoch, verkrampft und unbeweglich saß ich in meiner Bank, nahm kaum am Unterricht teil, antwortete nicht, sprach nur die notwendigsten Sätze, ich gab das Bild eines Schwererziehbaren, und da ich kräftig und groß war, größer als die anderen, nannten mich die Lehrer *den schweren Jungen.*

Frei fühlte ich mich erst in dem Moment, in dem der Unterricht vorbei war. Ich stürmte als erster aus dem Klassenzimmer, schon lange zuvor hatte ich begonnen, meinen Ranzen heimlich zu packen, einen Gegenstand nach dem andern darin zu verstauen, alles in mir fieberte auf das Schellen der Klingel hin, und kaum war es soweit, fiel die Last des ganzen Tages von mir ab. Der Rückweg nach Hause war am schönsten, ich ging zunächst an einigen Häusern vorbei und bog dann ab nach rechts, zur Schreinerswiese. Es war eine große, steil abfallende Wiesenfläche, wo man im Winter Ski laufen konnte, Wälder schmiegten sich an, alles zusammen bildete ein weites, geheimnisvoll vielfältiges Terrain, eine Landschaft im kleinen, in der man lange herumtrödeln konnte, in der man auf Bäume kletterte, in Schluchten stieg, eine Landschaft, in der man verschwand.

Denn nach dem Unterricht und dem langen Sitzen unter den anderen Mitschülern sehnte ich mich nach nichts mehr als nach dem Verschwinden. Ich wollte wieder ganz mir gehören, allein sein oder höchstens in Gesellschaft des Einzigen, der meine Einsamkeit teilen durfte, wenn ich es wollte und ihn herbeirief. Ich setzte mich und unterhielt mich mit ihm, ich hatte ihn ins Leben gerufen, damit ich einen Spielkameraden hatte und einen Gleichaltrigen, dem ich erzählen konnte, was mich beschäftigte. Er war still, er antwortete nicht, er saß unsichtbar neben und hinter mir und hörte mir zu, er war mein dauernder, unermüdlicher Begleiter.

Schon seit einiger Zeit war er mir nahe, jetzt konnte ich ihn kaum noch vergessen, mein inneres Sprechen war oft eine lange Unterhaltung mit ihm, und obwohl er stumm war, wie ich früher stumm gewesen war, so war er mir unendlich vertraut, das Spiegelbild, der beste und einzige Freund.

Eigentlich war er im Alter von drei Jahren gestorben, 1945 war er durch eine Granate getroffen worden, das hatte ich so begriffen, wie ein Kind schwere Träume begreift, undeutlich und partiell, als ginge es um eine ferne, ganz fremde, in Urzeiten spielende Geschichte. Doch ich hatte begonnen, seinen Körper zu beleben, ihn nachzuschaffen, ihm zunächst in mir, dann auch in der Außenwelt ein neues Dasein zu geben. Er war mein Bruder, und ich nannte ihn nicht mit seinem Vornamen, sondern nur so, wie ihn meine Mutter zu Lebzeiten genannt hatte. Er war *der Engel, der Blondschopf.*

Ich wußte genau, wie er aussah. Die einzige Fotografie, die ihn zeigte, auf dem Arm der Mutter, den Blick auf den Betrachter gerichtet, hing bei uns an der Wand, es war eine überdeutliche, von einem Fotografen gemachte Aufnahme, so präzis und kräftig in den Kontrasten, daß ich bei längerem Hinschauen glauben konnte, der ferne Engel stiege zu mir herab, um mich zu führen. Er hatte eine breite Stirn und leuchtende Augen, er blickte mich ernst und versonnen an, wie einer, der sich Gedanken um sein Gegenüber macht, und so verstand ich ihn auch als meinen Nächsten, als den, der sich sorgte um mich, der als einziger eingeweiht war in meine Geheimnisse, der um alles wußte und meine Geschichte mit einer Aufmerksamkeit verfolgte, die ungeteilt war und dauernd.

Er war weder zu sehen noch zu hören, und doch spürte ich, wenn er anwesend war. Meist stellte ich mir vor, daß er sich hinter mir aufhielt, daß er mir über die Schulter schaute, manchmal schmiegte er sich auch an mich und legte seinen Kopf auf meine Schulter, dann flüsterte er mir etwas ins Ohr, ein feines Säuseln, wortlos, nur eine Art Atem, damit ich wieder zu Kräften käme oder vergäße, was mich bedrückte. Sein Medium aber war eine Art Hülle, keine Luft, sondern eine Atmosphäre, ein dichter, warmer Wolkenzustand, eine Aura angenehmsten Wohlgeruchs, vergleichbar dem Weihrauch in Kirchen, ein Hauch, der sich den Poren der Haut anschmiegte und sie durchtränkte, eine luftige Essenz, wenn so etwas denkbar war.

Diesen Nimbus glaubte ich zu riechen und zu spüren; wenn er sich näherte, belebte sich mein Körper, ich schien eingehüllt von den fernen und fremden Stoffen, die zu ihm gehörten und aus einer anderen Zeit zu kommen schienen, und so war ich durch ihn verbunden mit jener Zeit, die eine dunkle Zeit zu sein schien, eine Zeit vor meiner Zeit, die Zeit des Krieges und der Toten, die unvorstellbare Zeit.

Schon sehr früh, schon in den ersten Kindheitsjahren habe ich fest geglaubt, daß die Gegenwart
trügerisch sei und, gemessen an der Vergangenheit,
nicht zählt. Dieses Empfinden gründete in der
Vorstellung, daß sich meine Eltern nur auf glück-
liche Weise und durch unglaubliche Zufälle hin-
übergerettet hätten in die Gegenwart. Ich hatte den
Eindruck, sie seien dem Krieg, von dem auch fast
ein Jahrzehnt nach seinem Ende noch fast täglich
die Rede war, nur notdürftig entkommen, insgeheim aber steckte der Krieg noch in ihren Leibern, er machte ihnen angst und ließ sie vorsichtig
auftreten, als könnten sie jederzeit auf eine Mine
treten, die hochgehen und uns alle in einen
Schlund reißen würde. Solch dunkle Bilder las ich
aus den stummen Zeugen der Vergangenheit heraus, die sich in unserer Wohnung befanden, die
meisten dieser Zeugen waren Fotografien, die an
den Wänden hingen, darunter eine Aufnahme der
Stadt Köln aus den letzten Kriegstagen. Die Brük-
ken waren zerschmettert und in der Mitte ein-
geknickt, der Rhein schien nicht mehr zu fließen,
sondern stillzustehen, als würgte er an all dem
Schutt, der hinabgestürzt war auf seinen Grund,
nur der Dom stand beinahe unbeschädigt, so
schwarz, so verfinstert, als hätten sich dunkle Dä-
monen an seinen Bau geklammert, Teufelsleiber,
die wie dichte Massen von Fledermäusen den bösen Hauch des Krieges ausströmten.

Den schlimmsten und stärksten Eindruck aber machten die Ruinen der Häuser. Die wenigen Mauern, die hier und da noch übriggeblieben waren, erschienen wie abgewetzte und von unzähligen Geschossen polierte Knochen, lauter Skelette, die alles Leben abgeworfen hatten, jeden Schmuck, jede Verblendung. Und ich stellte mir vor, daß auch meine Eltern in solchen Ruinen gehaust haben mußten, ich stellte sie mir in Kellern vor, mit Nachbarn und Bekannten, und ich stellte sie mir mit kleinen, notdürftig geflickten Leiterwagen vor, ihre Habe in Sicherheit bringend. Diese Bilder erschreckten und beunruhigten mich. Ich glaubte, die Vergangenheit sei in Wahrheit noch gar nicht vergangen, sondern lediglich mit ein paar Kunstfarben unkenntlich gemacht. Unter der Oberfläche der Gegenwart roch es anders, wie aus trüben Thermen quoll dort das heiße Schwefelwasser des Krieges, ein Gebräu aus verfaultem Fleisch und Menschenknochen, die Ursuppe des Chaos.

Mein Bruder hatte verbotenerweise an dieser Suppe genippt, nur einen kleinen Löffel hatte er gekostet, doch dieser Löffel hatte ihn eingeschläfert, und so hatte er in einem langen Todesschlaf gelegen, bis ich ihn wiedererweckt hatte, durch mein Dasein und weil ich ihn brauchte.

In unserer Wohnung aber waren noch einige der verpesteten Gegenstände versteckt, sie waren in

den Schubläden und Seitenfächern des großen
Wohnzimmerschrankes verborgen, und wenn man
seine dunklen Türen, die meist verschlossen waren,
öffnete, so entströmte dem Innern dieser Geruch
einer anderen, bitteren Zeit. Wie vergessen und
abgetan für immer lagen die fremden Gegenstände
in den hinteren Winkeln des Schrankes, niemand
schien sie noch zu beachten, und doch wußte ich
instinktiv, daß man sie in den Kriegsjahren gebraucht hatte.

Die kleine, am Mundstück zerbissene Pfeife
meines Vaters, der schwarze, zerrupfte Tabakbeutel,
in dem sich noch ein paar Krümel befanden, ein
Fernglas in einem dunkelbraunen, zerriebenen
Futteral, ein winziges polnisches Wörterbuch mit
Bleistiftanmerkungen, Stapel von Karten, ein dun-
kelgraues Käppchen mit feinen Schweißrändern,
eine Zigarettenspitze aus Bernstein – dieses Sam-
melsurium hatte man abgelegt für immer und doch
nicht weggeworfen, ich brauchte die Gegenstände
nur dicht an meine Nase zu halten, um zu wissen,
daß sie aus einer anderen Zeit stammten, es war
eine Zeit, in der es, wenn ich den Gerüchen folgen
wollte, viele Feuer und Brände gegeben hatte,
Rauchzeit, Schmorzeit, Zeit der Verbrennungen.

Im dunklen Rauch des Krieges war der Leib
meines Bruders erstarrt, Jahre hatte er in irgendeiner Tiefe gelegen, verschüttet, nicht auffindbar,
jetzt aber hatte er sich verwandelt in ein lichthelles

Wesen, einen unsichtbaren Körper aus Wärme und Kraft, der mir näher war als all die sichtbaren Gestalten um mich herum. Ja, ich hatte meinen Bruder mit dem Bild des zerstörten Köln in Verbindung gebracht, es war das einzige Bild, das mir den Krieg vorstellte, und so hatte ich in irgendeiner vagen Verknüpfung meinen Bruder in den Ruinen meiner Geburtsstadt gesehen, eingeschlossen und eingesperrt, ein bleiches, mageres Kind, das nie hatte laut sprechen oder gar singen dürfen, ein mit Ruß, Asche und Dreck verschmiertes Kind, das Kellerkind, das erst jetzt, Jahre nach seinem frühzeitigen Tod, frei atmete, indem es die Luft mit mir teilte.

Die anderen – meine Mutter, mein Vater –, sie hatten den Krieg überlebt, aber sie waren von diesem Überleben gezeichnet. Meine Mutter hatte erst langsam wieder zur Sprache zurückgefunden, mein Vater war schweigsam und müde geworden – nur mein Bruder hatte es verstanden, den Krieg abzustreifen und neu geboren zu werden. Er hatte das Einfachste und Natürlichste getan, was ihm ein Überleben gesichert hatte, er hatte sich angekettet an meinen Leib, gemeinsam gingen wir, wie ich mir sagte, *durchs Leben*, und das Leben war wie eine Wand, die zurückwich, oder eine Mauer, die sich öffnete, wenn wir zusammen auftraten.

Es konnte aber nicht dabei bleiben, daß wir uns nur verständigten, ich wollte ihm auch beweisen, daß er vorhanden war, ich wollte ihn sichtbar machen, nicht vor den Augen der anderen, die ihn nicht zu Gesicht bekommen durften, sondern so, daß unser Zusammensein sich auf eine nur uns beiden erklärliche Weise dokumentierte. Unser gemeinsames Leben sollte sich niederschlagen in vielerlei Zeichen, für die anderen sollten es Rätsel sein, schwer erklärliche Zaubereien, für uns beide aber Zeichen unserer Verständigung und Gesten unseres Bundes.

Seit mein Vater mit seinem Unterricht Erfolg gehabt und ich begonnen hatte, die Worte nachzusprechen und aufzuschreiben, war meine Sammelleidenschaft geweckt worden. Mein Vater konnte sich zwar nicht mehr um mich kümmern, doch das störte mich nicht. Ich wollte den Besitz der Worte von Tag zu Tag vergrößern, ich fragte in meiner Umgebung herum, ließ mir Worte aufschreiben, übertrug sie in meine Hefte, malte sie unter- und nebeneinander, bildete Kolonnen, ordnete sie nach Anfangsbuchstaben. Die Worte waren eine Art Schatz, je mehr man von ihnen besaß, um so gescheiter war man, die ganze Welt bestand aus Worten, und ich wollte sie einfangen in meinen Wortkäfig, damit sie sich so gebrauchen ließen, wie ich es mir dachte.

Da die täglichen Rationen oft spärlich waren, nahm ich mir die Bücher vor. Ich liebte Bücher, in denen viele Abbildungen vorkamen, am besten gefielen mir die, in denen neben den Abbildungen auch gleich die dazugehörenden Worte notiert waren, die Worte sollten sich, wie ich es gelernt hatte, auf die Abbildungen beziehen, dann war alles klar und unmißverständlich. Und so schrieb ich die Worte aus den Büchern heraus, ich legte Sammlungen von Worten an und bildete die ersten Sätze, immer neue Varianten, *ich gehe ins Haus, ich gehe in den Garten, ich gehe in den Wald, das Haus ist gelb, der Garten ist bunt, der Wald ist grün.*

Mit der Zeit verselbständigte sich das Schreiben. Leere Seiten in meinen Heften deuteten auf Lükken in meinen Sammlungen hin, ich konnte sie schwer ertragen, und hatte ich auf einer Seite mit dem Aufmalen der Worte begonnen, so mußte ich meine Arbeit fortsetzen, bis die Seite vollgeschrieben war, ein dichter Teppich von Sätzen, schön anzusehen, Zeugnis der geleisteten Arbeit, über die sich in seinen freien Stunden manchmal mein Vater beugte, um mich mit seinen lauten, erstaunten Ausrufen zu belohnen.

Dieses willkürliche und eher zerstreute, durch die zufälligen Funde geleitete Schreiben geriet jedoch durch den Schulunterricht in ganz andere Bahnen. Wenn ich nach Hause kam und gegessen hatte, setzte sich meine Mutter mit mir zusammen, um mich bei meinen Aufgaben zu betreuen. Seit sie erlebt hatte, wie ich unter Anleitung meines Vaters rasch Fortschritte gemacht hatte, unterstützte sie mein Schreiben, indem sie mir die Lektionen der Lesebücher vorlas und kleine Übungen erfand, durch die sich der Schulstoff abwechslungsreicher gestalten ließ.

Allmählich entwickelte auch meine Mutter eine Freude daran, mich schreiben und sprechen zu sehen, sie begleitete mein Schreiben, indem sie mir neue Worte und Wendungen beibrachte, und sie war glücklich, wenn ich den Stoff gierig aufsog.

Auf diese Weise lernte ich jedoch in zwei verschiedenen Tempi. Die Schule war der Ort des langsamen und schneckenhaften Vorwärtskommens, viel zu lange blieben wir bei den Lektionen hängen, kauten sie wieder, malten die Worte ab und gingen alles so gründlich durch, bis auch der letzte Mitschüler verstanden hatte. Zu Hause hatte ich eine ganz andere Lehrerin. Meine Mutter machte, indem sie mich unterrichtete, selbst Fortschritte, sie artikulierte wieder deutlich und präzise, ja, es machte ihr sogar Vergnügen, die Sätze so klangvoll wie möglich auszusprechen.

So wurde der Hausunterricht mein eigentlicher Unterricht. Wenn wir die lästigen Schulaufgaben hinter uns gebracht hatten, las meine Mutter mir vor. Sie begann eine Geschichte, unterbrach sich, fragte mich danach, was geschehen war, ließ mich überlegen, wie es weitergehen würde. Unser gemeinsames Lesen war eine lange, angeregte Unterhaltung. Manchmal hielt sie mitten in einer Geschichte ein und ließ mich die Geschichte zu Ende erzählen. Wenn sie einer Arbeit nachgehen mußte, setzte ich mich mit meinen Heften an mein Pult und schrieb die Geschichte weiter. Es gab immer etwas zu schreiben, die Geschichten verzweigten sich, hatten mehrere Ein- und Ausgänge, und die in den Büchern gedruckte Fassung war nur eine mögliche Variante unter vielen.

Bald färbte der Hausunterricht auf meinen Schulunterricht ab. Ich hielt das lange Sitzen, das mir wie ein müßiges Warten vorkam, kaum noch aus. Während die Mitschüler mit dem Finger die Zeilen entlangfuhren und Wort für Wort buchstabierten, konnte ich längst zügig und mühelos lesen. Mutter und ich hatten das Schullesebuch in wenigen Wochen durchgearbeitet, wir mußten uns bereits zusätzliche Lektionen einfallen lassen, die nicht mehr im Buch standen.

Und so begann ich, in meiner Mußezeit die leeren Partien des Lesebuches mit meinen eigenen Sätzen vollzuschreiben.

Ich schrieb klein, aber deutlich. Ich begann oben links, dort, wo freier Platz war, und füllte die Lücken, die mich schon immer gestört hatten. Wenn mir nichts einfiel, wiederholte ich den vorigen Satz oder stellte ihn zu einer Frage um. Die

Monotonie der Sätze störte mich nicht, es kam nicht darauf an, daß ich Sätze aufschrieb, über die ich lang nachgedacht hatte, ich wollte nur die weißen Partien der Lesebuchseiten füllen, damit die erschreckende Leere verschwände.

Und so lugte die Schrift bald an allen Stellen hervor. Sie kreiste in schweren Wolken um die Zeichnungen, sie verdickte sich in einem offenen Rechteck, sie wanderte an den Rändern hinauf, sie schob sich wie ein Eisenbahnzug schräg über eine halbe Seite. Ich wollte die wortarmen Lesebuchseiten anreichern, ich wollte sie auffüllen und zum Überquellen bringen, alles sollte besetzt und voll sein von Schrift, so wie die Worte von mir Besitz ergriffen hatten und ich sie gesammelt hatte wie Bausteine des großen Hauses der Sprache.

Dieses Vollschreiben und Anfüllen hatte jedoch noch einen anderen Grund als den, mich zu üben und zu beweisen. Insgeheim spürte ich, daß die leeren und unschuldig wirkenden Partien der Seiten mich störten. Was verbarg sich auf ihnen? War das Weiß ein Luftweiß, ein Weiß von Tüchern und Zelten, das Weiß des Schnees, das Weiß der Bettdecken? Gerade die Farbe Weiß erregte mich, weil ich vermutete, daß sich unter dem glatten Weiß andere Farben und Wesen versteckten. Es gab keine Leere, so dachte ich, die Leere erschien nur, wenn man nicht genau genug hinhorchte oder hinschaute, in Wahrheit war auch die Leere voller Gerüche, die die Anwesenheit ferner Lebewesen belegten.

War nicht mein Bruder unsichtbar und doch vorhanden? Hielt er sich nicht meist in meiner Umgebung auf, eine unantastbare Lichtgestalt, mit der ich mich unterhielt? Ich schrieb und füllte die Seiten, weil ich für meinen Bruder mitschreiben wollte. Mein Schreiben sollte ein *Schreiben für zwei* sein, deshalb kam es auf Wiederholungen nicht an. Ich übergab meinem Bruder den Stift, ich konnte dösen, mich ausruhen, nur die Hand mußte ich führen, während ich in Gedanken woanders war.

Mein Bruder aber nahm meine Hand, auch ihn drängte es schließlich zu den Buchstaben, er hatte an meinen bisherigen Unterrichtsstunden teilgenommen, und da wir alles *zu zweit* unternahmen, durfte mein Bruder sich ausschreiben, wenn ich mir eine Pause erlaubte.

Bald ging ich auch dazu über, die Gespräche, die ich mit meinem Bruder führte, zu dokumentieren. Ich füllte Seiten mit Frage-und-Antwort-Spielen, ich erkundigte mich nach seinem Befinden, ich ließ ihn herbeisegeln, sich verspäten, ich machte ihm Vorhaltungen, ließ mich beschwichtigen, unsere Gespräche sollten unser Zusammenleben beweisen, deshalb schrieb ich sie auf. Die stumme Zeit war endgültig vorbei, ich hatte meinen

Lieblingsgesprächspartner gefunden, er war un-
aufdringlich und verstand mich sofort, er kannte
meine Eigenheiten und wußte, wann ich allein sein
wollte. Ich schrieb für meinen Bruder und mich,
so bestätigte sich, was ich im stillen unseren *Ge-
heimbund* nannte, den Bund von Kriegs- und Nach-
kriegskind, die sich daran machten, die Zeiten zu
überbrücken.

Längst legte nun auch ich, wenn ich am Morgen
den Schulraum betrat, meine Kleidung ab. Wie die
anderen hängte ich Mantel oder Anorak draußen
auf die winzigen Haken, von denen je einer für ein
Kind reserviert war. Jeden Morgen hängten wir
unsere Kleidung an dieselbe Stelle, und jeden Morgen hängte ich meine Sachen ganz nach rechts
außen, weil dort noch Platz genug war für zwei.

Noch heute glaube ich, mein Schreiben unterliegt
einer Art Spaltung. Ich schreibe nicht für mich
allein, sondern für zwei, im Schreiben teile ich
mich auf in zwei voneinander deutlich unter-
schiedene Gestalten, und meist haben diese beiden
Gestalten ganz verschiedene Aufgaben. Der eine
erfindet, spricht vor sich hin, probiert aus, er ist der
Sänger; der andere horcht hin, tastet aus, wägt
gegeneinander ab, verwirft, er ist der Hörer. Der
Hörer ist meist der Klügere und Ältere, er kennt
viele Texte, vor ihm hat wenig Bestand, er läßt sich

nicht blenden. Der Sänger dagegen hat etwas Übermütiges und Willkürliches; er will einen mit seinen Sätzen überrumpeln, er hält seine Sätze für neu und einzigartig, er bietet sie einem in ihrer ganzen Fülle an und ist froh, wenn er so viele wie möglich los wird.

Wenn ich schreibe, sprechen diese beiden miteinander. Sie fallen einander nicht ins Wort, nein, immer hat nur einer Gelegenheit, sich darzustellen und zu Wort zu kommen. Ich liebe sie aber beide, und ich wüßte nicht zu sagen, wem ich mehr Glauben schenkte. Der Sänger hat erneuernde Kräfte, kein Wort kann ihm frisch genug sein, der Hörer reiht die Worte ein in eine ewige Lexik, die Sammlungen des Gewesenen. Zusammen aber führen sie einen unendlichen Dialog, sie bringen, denke ich manchmal, die Sprache ins Gleichgewicht, in eine Art überzeitliche Balance, in der beide Wortarten sich miteinander verbinden: die Worte der Jetztzeit, die Worte der Tradition.

Sicher ist, daß der Hörer aus Zeiten stammt, in denen ich noch gar nicht am Leben war. Er hat andere Erfahrungen als ich, er ist ein Kind der langen Vergangenheit vor mir; und ebenso sicher ist, daß der Sänger mehr von der Zukunft weiß und aufgeschlossen ist für jede Veränderung. Der eine will traditionell sein, ein Diener der uralten Rechte der Sprache, der andere zeitgenössisch, der eine schriebe am liebsten noch mit der Hand auf Pergament, dem anderen kommt das Tempo des Computers gerade recht. Versöhnt habe ich diese beiden so unterschiedlichen Gestalten noch nie; vielleicht ist mein Sprachtraum der paradoxe Traum von einer Schrift, die ganz neu und bisher ungehört klingt und doch so, als käme sie aus den ältesten Zeiten.

In meinen ersten großen Ferien beschloß mein Vater, zur Belohnung mit mir zu verreisen. Da längere Aufenthalte in der Fremde für meine Mutter noch zu anstrengend waren, verreisten Vater und ich allein. Zu verreisen bedeutete: die erste Strecke mit der Bahn zurückzulegen, den Rest aber zu Fuß, in tagelangen Wanderungen, einer genau festgelegten Route folgend.

Wir fuhren nach Süddeutschland an den Bodensee. Vier Wochen lang umrundeten wir den See, machten nur kleine Abstecher, hielten uns aber sonst an die Geografie des Ufers. Morgens früh brachen wir auf, es war wie in den Zeiten, als Vater versucht hatte, mir das Sprechen beizubringen, nur war es jetzt nicht mehr nötig, mich auf die fremden Dinge und Gegenstände hinzuweisen.

Sowieso war mein Vater weniger an der Natur interessiert als an den Errungenschaften der Technik. Die Natur kannte mein Vater, niemand machte ihm hier etwas vor, er kannte sie als einer, dem sie seit Kindheitstagen ganz selbstverständlich vertraut war. Daher war die Natur das Reich des Bekannten, des Wiederfindens, die Pappelalleen zeigten an, daß wir dort in der Ferne auf Wasserläufe stoßen würden, die dichten Hecken entlang der Grundstücke waren voller verlassener Vogelnester, in denen noch zerbrochene Eierschalen lagen, und die Haubentaucher waren ganz nahe am Ufer genau dort anzutreffen, wo die Schilfzonen dichter wurden.

Wenn Vater von der Natur sprach, deutete er lediglich auf das hin, was in seiner Vorstellung seit ewigen Zeiten so war und nie anders sein würde. Die Natur bestand aus immer gleichen Elementen und Einzelheiten, deren Leben durch den Verlauf der Jahreszeiten bestimmt war. Anders jedoch stand es mit der Technik. Am meisten beschäftigte sich Vater mit Brücken. Er setzte sich hin, nahm seinen Skizzenblock heraus und begann, sie zu zeichnen. Wenn er zeichnete, so fertigte er, wie er sagte, *technische Zeichnungen* an, es waren Zeichnungen, auf denen die Natur lediglich eine Statistenrolle spielte. Im Vordergrund standen die technischen Bauten und Konstruktionen, Brücken, Überführungen, Bahnhöfe, und nicht selten zeichnete Vater den Gleiskörper einer Eisenbahnstrecke, eine sacht gewundene Kurve aus schmalen Schienen und dichtem Schotter, die in einen Tunnel mündete.

In den Pausen, in denen er zeichnete, war ich unbeschäftigt. Es machte mir wenig Vergnügen, müßig durch die Gegend zu streifen und mir langweilige Spiele auszudenken, die die Zeit vertrieben. Am liebsten hätte ich gezeichnet wie mein Vater, doch das war nicht möglich, da ich fürs Zeichnen keinerlei Talent hatte. Ich fragte Vater, was ich tun sollte, und da er mich beschäftigt sehen wollte, trug er mir auf, Tag für Tag aufzuschreiben, was wir erlebt hatten.

Während unserer Wanderungen sammelte ich »Material«. Das Material bestand aus Prospekten und Postkarten, aus achtlos Weggeworfenem, aus Blättern und Zeitungsresten. In unseren Pausen wählte ich aus, was ich davon in meine Hefte kleben wollte. Ich numerierte meine Fundstücke, beschriftete sie, gab den genauen Fundort an und die Zeit, in der ich auf das Fundstück gestoßen war. Meine Reiseberichte sollten Expeditionsberichte sein, genaue und verläßliche Angaben über den Raum unserer Erkundungen.

Diese Berichte waren eingebettet in die Chronik unseres Unterwegsseins. Am Morgen mußten Lufttemperatur und Barometerstand notiert werden, dann der Ausgangspunkt unserer Wanderung. Der zurückgelegte Weg wurde durch einen Schrittmesser ermittelt, den Vater an seinem rechten Fuß befestigt hatte. Genau war das Gelände zu beschreiben, wenn möglich waren auch die Flurnamen zu erwähnen. Angaben über die Veränderungen des Wetters waren so exakt wie möglich zu machen. Pausen und Aufenthalte wurden bis auf die Minute genau fixiert, auch die Speisen, die wir zu uns genommen hatten, wurden zusammen mit den Namen der Gasthöfe oder den Mengen des eingekauften Proviants aufgeschrieben.

Am Abend galt die Arbeit dem Tagesabschlußbericht. Wir saßen im Zimmer eines Gasthofes und beugten uns über unser Material. Vater komplettierte seine Zeichnungen und beschriftete sie mit genauen Angaben über Perspektive und Standort. Ich brachte meine Chronik auf den neusten Stand und addierte die Kilometer, die wir zurückgelegt hatten. Schließlich wurde noch die Wegstrecke für den kommenden Tag festgelegt. Vater zeichnete sie mit Bleistift in seine Meßtischblätter ein, und man konnte sicher sein, daß er während unserer Wanderung kein einziges Mal auf diese Blätter zu schauen brauchte, so genau hatte er sich den Weg eingeprägt.

Seit diesem Sommer war ich mit Vater zweimal im Jahr, im Frühjahr und Sommer, für einige Wochen unterwegs. Wir liefen die Mosel von Koblenz bis Trier stromaufwärts, wir zogen den Main entlang, wir gingen durchs Emsland, auf Emden und die Küste zu, wir fuhren nach Berlin und durchwanderten die Wälder entlang der Seen, und wir wanderten immer wieder durchs Rheintal, von

Mainz bis Bingen, von Koblenz bis Köln. Auf all diesen Reisen führte ich ein exaktes Tagebuch mit allen nur denkbaren Daten.

Mit der Zeit hatte ich es mir zur Gewohnheit gemacht, in ein zweites Heft kleine Beobachtungen einzutragen. Ich hielt kurze Geschichten fest, die uns unterwegs erzählt worden waren, ich schrieb Anekdoten und Sagen auf, die von der Geschichte der Bauwerke handelten, denen wir begegneten. Das Schreiben war für mich zu einer Art zweiter Natur geworden, ich mußte mich niemals dazu zwingen, sondern es drängte mich danach, alles festzuhalten, die leeren Seiten zu füllen, meine Sammlungen zu komplettieren.

Allmählich hatte ich mir eine Art Werkstatt geschaffen, es war die Dokumentation all der Wege und Strecken, die ich mit Vater zurückgelegt hatte. Zugleich war es aber auch die Dokumentation jener Wege, auf denen mich mein Bruder begleitet hatte. Ich schrieb nicht nur für mich, sondern auch für ihn und die Mutter, die zu Hause blieb. In der Schrift trafen sich die Blicke der Abwesenden, die Blicke der Stummen und der Zeugen. Mein Schreiben hielt die Familie zusammen, und schreibend war ich ihr Mittelpunkt.

Den Zwang, jeden Tag festzuhalten und zu dokumentieren, bin ich seither nicht mehr losgeworden. Die Eintragungen, die ich zu diesem Zweck mache, sind Eintragungen in einem Kalender. Es sind chronikalische Notizen, Notizen einfachster Art, darüber, wann ich aufgestanden bin, was ich getan habe, mit wem ich zusammengetroffen bin, wie ich den Tag verbracht habe. Für solche Tagesnotizen ist in einem vorgedruckten Kalender jeweils eine Seite vorgesehen. Jeden Tag schreibe ich diese Seite voll. Ich lasse keine Zeile leer, ich fülle noch heute jede Kalenderseite, als sei der Raum immer zu klein und die Schrift immer so übermächtig, daß sie aufquillt bis an den Rand jedes Blattes.

Dreihundertfünfundsechzig Seiten schreibe ich so Jahr für Jahr, Tausende, Zehntausende von Seiten habe ich seit meiner Kindheit beschrieben. Neben diesen Kalendern habe ich zunächst Hefte angelegt, in die ich besondere Aufzeichnungen eintrug, die mich an bestimmte Ereignisse genauer erinnern sollten. Die Hefte reichten später nicht mehr aus. Dann traten an ihre Stelle dicke Ordner, in denen ich auch Zeitungsberichte und Fotografien aufbewahrte.

Wenn ich sterbe, werden Hunderte solcher Ordner und viele Kalender vorliegen, in denen genau festgehalten ist, wie ich mein Leben verbracht habe. Ein Tagebuch im üblichen Sinn habe ich dagegen nur in bestimmten Perioden geführt. Ich mag keine Eintragungen, die mein eigenes Befinden in den Vordergrund rücken, wie ich auch keine Notizen mag, in denen sich einer vorrechnet, was er geschafft, versäumt, vergessen hat. Das Tagebuch als Zeremonie des privaten Umgangs mit sich selbst habe ich nie geschätzt. Solche Tagebücher ähneln einander, zumindest in Europa, zumindest in den letzten zweihundert Jahren. Es sind Klagelieder enttäuschter oder überanstrengter Seelen, Seelenbilanzen, ein entnervendes Stochern in den Innereien der Gemütslandschaften, von monotoner Gleichförmigkeit, aussichts- und ergebnislos, ein Dokument der Tristesse.

Ich glaube, ich habe von meinen Notizen eine eher asiatische Vorstellung. Festzuhalten, was ich gesehen und gehört habe, das Schreiben als geheime Begegnung von an- und abwesenden Gestalten, denen ich damit gleichsam einen Ort des Zusammentreffens verschaffe – solche Vorstellungen liegen meinen Notizen zugrunde. Anders gesagt: ich möchte mit meinen kargen und konkreten Aufzeichnungen eine Art Weg oder eine Wanderschaft bezeichnen. Nein, ich denke dabei nicht an die christliche Wanderschaft, nicht an das Dasein als Pilger, die Wanderschaft ist vielmehr die Reise eines Einzelnen, der staunend der Welt begegnet, sich höflich vor ihren Kostbarkeiten verneigt, einige Worte findet, diese Kostbarkeiten in der Erinnerung zu bewahren, und schließlich von der Erde verschwindet.

Diese Vorstellung hat für mich nichts Schmerzliches. Der Tod ist das natürliche Ende der Wanderschaft und des Weges. Mehr als diese Wanderschaft, denke ich manchmal, gibt es nicht, mehr zu sagen, mehr zu wollen, ist nur eine dumme Illusion. Es reicht, sich vor der Schönheit der Dinge zu verneigen, es reicht, sich in die Natur einzureihen, wie eine Pflanze, die ihr bestimmtes Lebensalter hat, wie ein Tier, das genau ahnt, wann es sterben wird.

Im März des Jahres 1689 machte sich der japanische Dichter Matsuo Bashô auf eine fast fünfmonatige Wanderung. Auf dieser Wanderung legte er etwa zweitausendvierhundert Kilometer zurück. Sie führte ihn in die nördlichen Provinzen des Landes, wobei der längste Teil der Strecke unwegsames Bergland war. Bashôs Reisetagebuch, ein Klassiker der japanischen Literatur, vermerkt die einzelnen Stationen der Reise und skizziert in knappen, sehr konkreten Landschaftsbildern die Eindrücke, die die teilweise verborgenen, aber auch die heiligen Orte auf den Reisenden machten.

Wenn Bashô eine Station seiner Reise schildert, so tut er das oft in dem Bewußtsein, daß andere Dichter vor ihm diesen Ort schon passiert haben. Sich an einem solchen Ort aufzuhalten bedeutet: sich dieser Vorgänger zu erinnern. Die Erinnerung erstreckt sich nicht nur auf die frühere Anwesenheit der Vorgänger, sondern vor allem auch auf die Gedichte, die ihnen an diesen Orten eingefallen sind. Die meisten solcher Gedichte sind sogenannte Haikus, siebzehnsilbige, meist dreizeilige Gedichte, die eine kurze Impression wiedergeben. Solche Haikus umgeben den heiligen Ort wie eine Sammlung noch immer vorhandener, anwesender Sprache, an die sich der Reisende wie an eine kostbare Vergangenheit erinnert.

Wandern und Gehen ist daher für Bashô eine Art von Erinnern, eine Anrufung von alten Zeugen, ein Sich-Einreihen in die Kette der Vorläufer, die den guten Geistern der heiligen Orte bereits ihre Reverenz erwiesen haben. Das *Oku no hosomichi* schildert den Reiseaufbruch so:

Es kam also der siebte Tag der letzten Dekade des Dritten Monats. Der Himmel des anbrechenden Morgens zeigte sich leicht in Dunst gehüllt, der Mond – die abnehmende Sichel – hatte an Leuchtkraft eingebüßt und der Gipfel des Fuji gab sich dem Auge nur vage zu erkennen. Ich bekam einen Stich ins Herz, als mir angesichts der Blüten von Ueno und Yanaka unwillkürlich das Gedicht einfiel: »...wann werde ich sie wiedersehen?« Meine Freunde, die sich am Vorabend versammelt hatten, gaben mir zu Schiff das Abschiedsgeleit.

An einem Ort namens Senju gingen wir von Bord. Meine Kehle schnürte sich zu, als ich plötzlich an die bevorstehenden 3 000 »Meilen« denken mußte. Ich stand an der Wegkreuzung der Traum-Illusionen und vergoß Tränen des Abschieds.

Yuku haru ya
tori naki no
me wa namida
Der Frühling scheidet
Die Vögel weinen – selbst den Fischen
kommen die Tränen
Dies sollte das erste Gedicht dieses Tagebuchs werden aus
meinem Reise-Schreibzeug.

Auf dem Reisepfad, zu dem wir uns nunmehr ent-
schlossen hatten, ging es jedoch nur mühsam voran: alle
standen sie da – einer neben dem anderen – mitten auf
dem Weg. Sie werden uns nachgeschaut haben, bis selbst
die Umrisse unserer Gestalten in der Ferne verschwunden
*waren.** *

Das Schreiben als »Wegkreuzung der Traum-Illusionen« – diese Wendung gefällt mir. Ich übersetze
sie mir so, daß es beim Schreiben nicht nur um den
geht, der schreibt, daß seine Notizen nicht nur den
subjektiven, privaten Eindruck festhalten, der sich
ihm auf der Reise des Schreibens dargeboten hat.
Das Schreiben ist vielmehr, wie Kafka einmal in
einer merkwürdigen Wendung festgehalten hat,
umgeben von anderen Stimmen und Geistern.
Diese Stimmen sind die Stimmen der Verborgenen,

---

* Bashô: Auf schmalen Pfaden durchs Hinterland. Aus dem
  Japanischen übertragen sowie mit einer Einführung und
  Annotationen versehen von G. S. Dombrady. Mainz 1985,
  S. 49/51

deren Dasein an verschiedenen Stationen des Schreibens mit ins Leben gerufen wird.

Schreiben ist daher ein Sich-Erinnern, ein Hervorlocken, eine Wegkreuzung all der Stimmen, die den Reisenden auf seinem Schreibweg begleiten.

Dies können die Stimmen der Nächsten sein, aber auch die Stimmen der Vorgänger oder der Toten. In diesem Sinn begegnet Bashô auf seinen Stationen den fremden Landschaften so, als teilten sie ihm Momente seiner eigenen Geschichte mit. Er begegnet Zeilen, die sein Lehrer an demselben Ort notiert hat, er sucht die Plätze auf, die durch die Erinnerung an die Vorgänger geheiligt sind, und er schreibt selbst ein Gedicht, um seine Anwesenheit an der Wegkreuzung der Stimmen zu bezeugen. So wird eine Station umkreist, gewürdigt, betrachtet, heimgesucht:

Weit hinter dem Unganji (dem »Tempel umwölkter Felsen«) sollen noch die Überreste der Bergklause des Abtes Butchô, meines Lehrers, vorhanden sein.

Den Vers

Tateyoko no
goshaku ni taranu
kusa no io
musubu mo kuyashi
ame nakariseba
In Länge und Breite
mißt diese Grashütte kaum
fünf Fuß! − Hätte ich mich

abgemüht, sie zu errichten
wenn es den Regen nicht gäbe?
hatte er mit einem verkohlten Stück Kiefernholz an die
Felswand geschrieben, erzählte er mir irgendwann einmal.

Um seinen Spuren zu folgen, nahm ich also meinen
Wanderstab und wir brachen zum Ungan-Tempel auf.
Unterwegs trafen wir einige Wanderer, die uns ermunter-
ten, ihnen Gesellschaft zu leisten. Die meisten von ihnen
waren junge Leute, die den ganzen Weg lang fröhlich
lärmten, so daß wir, ohne es recht gewahr zu werden, am
Fuße des Berges ankamen. Tief ins Gebirge hinein
schlängelte sich ein Pfad dem Talgrund längs. Er verlor
sich zwischen schwarzen Kryptomerien und Kiefern ins
Dunkle. Überall troff es vom Moos herab.

Unter dem Himmel dieses IV. Monats war es immer
noch kalt. Nachdem wir an den »Zehn Sehenswürdig-
keiten« vorbeigegangen waren, überschritten wir eine
Brücke und passierten das Eingangstor zum Tempel-
bezirk. Wo sie wohl sind, jene Überreste, dachte ich bei
mir, und wir entdeckten sie endlich, nachdem wir hinter
dem Tempel einen Hügel bestiegen hatten: an eine Fels-
öffnung gelehnt stand sie da, die kleine, auf einen Fels
gebaute Hütte! Mir war, als sähe ich im Geiste die
»Todespforte« des Bonzen Myôzen und die »Felsen-
gruft« des Meisters Hôun. Unwillkürlich kam mir der
Vers, den ich auf den Pfeiler geklebt, hinterließ:

Kitsutsuki mo
io wa yaburazu

natsukodachi
Kein Specht zerstört
mit seinem Klopfen diese Hütte –
im sommerlichen Baumschatten…*

Wenn ich die fünf Romane, die ich bisher geschrieben habe und die in meinen Augen Stationen
einer einzigen Reise sind, die ich inzwischen als
abgeschlossen betrachte, in Hunderte kleiner Segmente zerlegen würde, so würde jedes dieser Segmente einen Raum oder eine Wegkreuzung bezeichnen, die durch meine Gegenwart bestimmt,
aber erst durch die »Traum-Illusion« umgebender
Stimmen vervollständigt wird.

Ohne es von Anfang an zu beabsichtigen, ohne
also einem bestimmten, vorgegebenen Plan zu
folgen, habe ich in diesen fünf Romanen Varianten
der eigenen Biographie entworfen, die um die
Kernzelle meines Elternhauses und meiner Familie
kreisen. In der Mitte dieser Zelle sitzt meine Mutter, stumm und verschlossen, den toten Bruder auf
den Knien, das in unserer Familie hoffnungslos
häufig zitierte Bild der Pietà, das ich durch mein
Schreiben aus seiner Erstarrung zu lösen suche.

An die Stelle des toten Sohnes, an die Stelle des
erkalteten Körpers meines Bruders sollte der Leib
eines Lebenden treten, der Leib eines Sprach-

---

* Bashô, a.a.O., S. 79/81/83

mächtigen, der die Zauber der alten Magien und Sprachbestände bannte und vertrieb.

So sitzt meine Mutter in der Mitte unseres Hauses, sie sitzt da mit dem Blick in die Weite der Landschaft, bewegungslos, und ich umkreise die Mutter, ich schreibe und schreie an gegen ihr Stummsein, und ich beatme den toten Bruder mit meinen Lauten.

In der Tiefe aber, weit drunten, tief in der Erde, ist das große Grab, in dem die winzigen, nie zu Leben gediehenen Leichname meiner Brüder liegen. Sie liegen dort wie rätselhafte, unerreichbare, dicht verschnürte Mumien. Sie haben nie zu sprechen gelernt, sie haben überhaupt keine Zeit gehabt, das Licht zu sehen. Ihre Wohnung waren von Anfang an das Grab und die Dunkelheit, dort liegen sie horchend, denn sie sind ganz Ohr, ganz Teil jenes fast geräuschlosen Weltmurmelns, dem die Sprache ihre Konturen entreißt.

Oben, ein Stockwerk höher als meine Mutter, lebt mein Vater. Er bewegt sich unaufhörlich von Raum zu Raum. In dem einen hat er seinen Theodoliten aufgestellt, in dem anderen ein Fernrohr, mit dessen Hilfe er in den Nächten die Sterne beobachten kann. An den Fenstern befinden sich Barometer und Thermometer, auf der Fensterbank liegen kleine und größere Feldstecher für die nähere Umgebung, die Schränke aber sind voll von Karten, die mein Vater selbst vermessen hat. Seit seinen ersten Arbeitsjahren hat er begonnen, das Land um unser Elternhaus zu vermessen, in großen Kreisen ist er vorgedrungen, und schließlich ist er so weit vorgedrungen, wie ein Mensch an einem Tag von unserem Haus aus gehen kann, wenn er schnell und zügig geht, wenn er geht, wie ich gegangen bin mit meinem Vater, als ich ein Kind war.

All die kleinen Segmente, in die ich meine Romane zerlegen könnte, sind auf diese Kernzelle bezogen, weil ich, ohne das zu ahnen, von dieser Zelle aus Wege vermessen und beschrieben habe, die letztlich doch nur zurückführten, hinein in den Familienraum, den ich zum Klingen bringen wollte.

In *Fermer* (1979) habe ich diesen Weg in Mainz beginnen lassen. Mainz war die Stadt, in der ich die letzten Gymnasialjahre erlebte, Mainz und seine Umgebung war die Stadt meiner Pubertät, wo ich die ersten dauerhaften Freundschaften schloß und wo ich dem einzigen Menschen begegnete, mit dem ich für immer zusammen sein wollte. Von Mainz aus schicke ich die Hauptfigur in diesem Roman auf den Weg, eine lange Reise nach Norden, bis ans Meer, bis an die Grenze des Landes.

Das Elternhaus ist auf diesem Weg nur eine Station, die Hauptfigur besucht dieses Haus und trennt sich wieder von ihm. Aber schon in *Hecke*

(1983), meinem zweiten Roman, ist das Elternhaus und seine Umgebung fast der alleinige Schauplatz der Handlung. *Hecke* ist die Geschichte meiner Mutter und die meines Bruders, *Hecke* besteht fast ausschließlich aus den Stimmen der Vergangenheit und den Stimmen des Krieges.

Schwerenöter (1987) dagegen setzt sich aus vielen Elementen meiner Biographie zusammen, *Schwerenöter* erläutert den biographischen Raum, Köln, den Raum der Geburt, Wuppertal, den Raum der Kindheit, oder auch Rom, den Raum der Freiheit, in dem ich in meinem Leben am glücklichsten gewesen bin.

In *Agenten* (1989) habe ich den Raum jener Stadt (Wiesbaden) porträtiert, in der ich zum ersten Mal in meinem Leben jahrelang allein war, so allein, wie ich es mir gewünscht hatte, allein, um zu schreiben, ohne nennenswerte Freundschaften oder Begegnungen, willentlich isoliert und auf mich gestellt, um ganz frei zu sein für die fremden Stimmen, die Stimmen einer anderen Generation, die Stimmen rasanter, schwindelerregender Bewegungen an der Oberfläche, die Stimmen trügerischer Verbindungen.

Und in *Abschied von den Kriegsteilnehmern* (1992) schließlich bin ich, schon mit den ersten Bildern, doch wieder zurückgekehrt in den Raum meiner Kindheit, den Raum meines Elternhauses, zurückgerufen, bin ich zurückgekehrt, um meinen Vater zu begraben und das Grab, in dem sich meine Brüder befinden, zum letzten Mal zu öffnen.

Ich bin im Kreis gegangen, ich habe, ähnlich meinem Vater und doch ganz anders als er, einen großen Kreis um mein Elternhaus vermessen, ich habe eine Folge von Stationen beschrieben, die – mal ferner, mal näher – einen unterirdischen Kontakt wahren zur Sphäre meines Elternhauses.

Jetzt, denke ich, ist dieser Kreis geschlossen, jetzt sind die Stimmen der zahllosen Wegkreuzungen beruhigt.

Daher kann ich nicht sagen, daß ich je an irgendwelche Leser gedacht hätte, nein, ich habe den Kreis zu schließen versucht, als übte ich einen Dienst aus, als gäbe ich jenen Stimmen einen Raum, denen der Krieg die Sprache genommen hat. Ich habe den Krieg ausgeschrieben, all mein Schreiben ist »Nachkrieg« gewesen, und erst jetzt, nach fünf Büchern und zweitausend Seiten, erkläre ich diese Arbeit für beendet.

Ob noch etwas zu tun ist?

Der Roman *Abschied von den Kriegsteilnehmern* schließt so:

Und ich stand auf dem hohen Plateau und schaute in die Tiefe, ich sah das nahe Dorf und das Flüßchen, und ich sah die ferne Stadt, den Strom und die Weite.

Und ich bückte mich, ich machte meinen Rücken krumm und buckelte meinen Vater auf den Rücken, und ich ging langsam voran, erst prüfend, dann immer sicherer werdend, ging ich langsam voran.

Wir brechen auf, Vater, sagte ich leise, jetzt gehn wir los, und ich machte ein paar schnellere Schritte. Und so trug ich meinen Vater auf dem Rücken ins Tal, schwankend, aber ohne innezuhalten, trug ich meinen Vater durchs Dunkel, und wir passierten die Brücke über das Flüßchen und kamen immer schneller voran.

Es war nicht leicht, mit diesem Gewicht zu marschieren, nein, es war gar nicht leicht, außerdem drangsalierte mein Vater mich mit seinen Befehlen, ich spürte seinen Atem, wie ich seine spitzen Knie spürte an meinem Leib, ja, ich spürte seine feingliedrigen Finger auf meiner Brust.

Schneller, sagte mein Vater, wir kommen nur langsam voran, und ich bemühte mich, rascher zu gehen, doch der Leib meines Vaters hatte ein ordentliches Gewicht, ganz matt hing er mir auf dem Rücken, und ich mußte acht haben auf den Weg, daß ich nicht strauchelte.

Dort geht es lang, hörte ich meinen Vater, was machst Du, dort geht es lang, und ich schaute schwitzend auf, und ich sah in der Ferne den Strom, und der Strom war der Rhein. Ich wendete mich aber ab von dem Strom, nein, das war nicht der Weg, der Weg ging nach Osten, nicht westwärts, ich wußte den Weg, ich allein.

Falsch! rief mein Vater, was machst Du nur für einen Unsinn, doch ich trug ihn unbeirrt weiter, wir wendeten dem Rhein den Rücken zu, und das Gewicht des Leibs meines Vaters wurde von Schritt zu Schritt schwerer. Laß mich, rief mein Vater, Du kennst ja den Weg nicht, aber all sein Rufen konnte mich nicht bewegen, unseren Weg zu ändern, neinnein, ich trug meinen Vater nach Osten, denn der Strom, den ich suchte, war nicht der Rhein, der Strom war die Elbe.

Es ist die Elbe, Vater, sagte ich, bald erreichen wir die Elbe, doch mein Vater zappelte nur auf meinem Rücken hin und her, er fuhr mir mit seinen Fingern durchs Gesicht, und er preßte seine Finger in meinen Mund, daß es schmerzte. Und so drehte ich ihm den Kopf zu, um ihn zu bitten, von mir abzulassen, doch da sah ich, daß ich nicht allein den Leib meines Vaters, sondern auch meine vier Brüder trug, ja, die Leiber meiner vier Brüder hatten sich an den Leib meines Vaters geklammert, zu beiden Seiten hatten sich meine Brüder in den Leib meines Vaters gekrallt, und so trug ich nicht nur meinen Vater, sondern auch die vier dürren Leiber meiner Brüder auf dem Weg in den Osten.

Und wir erreichten die Elbe, und ich wollte mit meinem Vater und mit meinen Brüdern auf meinem Rücken die Elbe durchschwimmen, doch von der anderen Seite des Flusses kamen uns Scharen von Menschen entgegen, Hunderte, ja Tausende durchschwammen die Elbe, und so mußte ich mit Gewalt versuchen, gegen diesen Strom anzukommen, während ich die Stimme meines Vaters hörte, sie wollen westwärts, verstehst Du das nicht.

Ich gab aber nichts auf die Stimme meines Vaters, mein Vater konnte mir nichts mehr einreden, mein Vater konnte mich nicht überzeugen, und von meinen Brüdern war sowieso nichts zu erwarten, denn meine Brüder hatten sich immer an meinen Vater geklammert, sie waren die Lieblinge meines Vaters gewesen, und so hielten sie auch diesmal still und spielten weiter die Unschuldslämmer.

Mein Vater war empört über mich, die Stadt in der Ferne war Berlin, er ahnte schon, daß es nur Berlin sein konnte, und ich trug meine schweren Gewichte weiter voran, ich schaute weder rechts noch links, und ich dachte, jetzt, das ist der Krieg. Und ich glaubte auch wahrhaftig Detonationen zu hören, die Erde riß zu beiden Seiten auf, und es entstanden gewaltige Krater. Ich spürte, daß zwei meiner Brüder erschlafften, ganz schwach baumelten sie nur noch am Leib meines Vaters, und auch meinen Vater hatten die Geschosse getroffen, Granaten, dachte ich nur, doch ich setzte meine Gewichte nicht ab, nein, ich trug sie weiter voran.

Der Horizont war eine glühende Linie, wie Lava wälzte sich eine stinkende Flut heran, Pestkrieg, Kotzkrieg, dachte ich, und ich spürte das Blut meiner Brüder an meinem Leib, das Blut meiner Brüder überströmte auch meinen Leib, und ich hörte meinen Vater auf meinem Rücken stöhnen vor Schmerzen, doch ich ließ ihn nicht los, nein, ich schleppte ihn weiter.

Wir wechseln die Schuhriemchen aus, sagte ich leise, wenn wir am Ziel sind, wechseln wir die Schuhriemchen aus, doch mein Vater hörte mich nicht mehr, sein Kopf

111

baumelte nun dicht neben dem meinen, zwei Bauern-
schädel, dachte ich, mit breiter slavischer Stirn.

Und wir passierten Berlin, und ich sah in der weiten
Ferne den Hügel, jemand hatte den Hügel umgegraben,
braune, schwere Erde, Vater, sagte ich leise, bald sind wir
da. Und ich trug meinen Vater durch das flache Land in
die Ferne, wir erklommen den Hügel, langsam, mit letzter
Kraft schleppte ich den Leib meines Vaters und die längst
erkalteten Leiber meiner vier Brüder auf den Hügel
hinauf. Der trigonometrische Punkt, sagte ich und richtete
mich auf.

Der Leib meines Vaters und die Leiber meiner vier Brüder
glitten von meinem Rücken, kraftlos fielen sie herab,
kraftlos fielen sie in das offene Grab, und so war ich
losgezogen mit meinem Vater und meinen Brüdern vom
hohen Plateau in die Tiefe und in die Weite, und ich hatte
meinen Vater und meine Brüder durch das Land nach
Osten geschleppt, einen ordentlichen Weg hatte ich sie
getragen, lange Zeit, und ich hatte sie getragen, um sie
hier, in der fernen Weite, zu begraben für immer...*

* Hanns-Josef Ortheil: Abschied von den Kriegsteilnehmern.
Roman. München und Zürich 1992, S. 408–412

4

Als ich acht Jahre alt war, wurde meine erste
Erzählung veröffentlicht. Sie erschien auf der Kin-
der- und Jugendseite einer Kölner Zeitung, ich
hatte den in Druckbuchstaben geschriebenen Text
mit einem kurzen Brief an die Redaktion geschickt
und bestimmt, aber höflich, um eine Veröffentlichung gebeten. Daß ich keine Antwort auf meine
Sendung erhalten hatte, hatte mich zornig gemacht. Ich hatte daran gedacht, ein zweites Mal an
die Redaktion zu schreiben, als an einem Mittag
mit der Post ein Belegexemplar der Zeitung ein-
traf. Ich streifte die braune Versandhülle von dem
mehrfach eingeschlagenen Exemplar und blätterte
die Ausgabe durch. Da, dort, auf der wöchentlichen
Kinderseite, ganz oben, ganz deutlich, war meine
Erzählung abgedruckt. Mein Name war in Kursiv-
schrift darunter gesetzt, daneben mein Alter. Ich
starrte die fremden, gedruckten Zeilen an wie
ein Ereignis, ich schaute sie an, als könnte ich
nicht fassen, was geschehen war. Eigentlich hatte
ich nicht mit einer Veröffentlichung gerechnet,
aber jetzt war es *geschehen*, mein Name war
nicht mehr wegzuradieren, nicht mehr unkenntlich zu machen, nein, im Gegenteil, er war an diese
dichten, leuchtenden Zeilen geschweißt, ich
flüsterte ihn vor mich hin, dort, da, in diesem
Gehege der Buchstaben war ein Abdruck meines

Selbst erschienen, unfaßbar, geheimnisvolle Erscheinung!

Die Geschichte, die ich erzählt hatte, verdankte ich meinem Beobachtungsspleen, dem langen und ununterbrochenen Starren auf einen kleinen, begrenzten Fleck. Meine Eltern hatten in diesen Jahren ein großes, einsam gelegenes Waldgrundstück auf der Kuppe eines breiten Höhenzuges, von dem aus man eine weite Sicht über das Land hatte, erworben und damit begonnen, mitten in den Wald ein Haus zu setzen. Wann immer es möglich war, fuhren wir mit dem Zug von Wuppertal in den Westerwald, um den Fortgang der Bauarbeiten zu erleben. Ich hatte mir allerhand Unterlagen über den Bau verschafft, ich hatte, wie ich es bei den Erwachsenen gesehen hatte, einen Ordner mit Plänen, Zeichnungen und Abbildungen der Baumaterialien angelegt.

Den Ordner unter dem Arm, umkreiste ich den Rohbau, stieg auf Leitern, kletterte über die Erdhaufen, betastete die gestapelten Steine und die schweren Zementsäcke. Neben einem solchen Haufen von Baumaterial hatte ich eine Ameisenspur entdeckt, stundenlang hatte ich dort gesessen, um das eilige Hin und Her der winzigen Tiere zu beobachten, ich war nicht fortzubringen von diesem Studium, der Blick auf diese immense Geschäftigkeit hatte mich begeistert, und mit den

114

Stunden hatte ich einiges herausbekommen über die Wege und Umwege, die schweren Transporte und die Hilfestellungen, die die Tiere einander leisteten.

Das kleine, hektische Treiben erschien mir wie ein Spiegel des Hausbaus in meiner Nähe, in diesem Treiben glaubte ich Regeln und Ordnungen von der Art zu erkennen, wie sie auch beim Bau des Hauses notwendig waren, nur waren die Anstrengungen der Tiere einfacher zu verstehen, sie waren übersichtlicher und schienen einer Gesetzmäßigkeit zu gehorchen, die etwas Vollkommenes hatte.

Darüber, über diese von mir studierten Regeln und Gesetze, hatte ich geschrieben, und ich hatte geglaubt, damit etwas einzufangen von den vielen Aktivitäten und Planungen um mich herum. Die Tierwelt war eine Mikroskopie der größeren Welt in meiner Umgebung, sie war ein Spiegel, in dem ich die Arbeiten der Erwachsenen wiedererkannte, und so zog ich in meiner Erzählung kühn Parallelen und deutete meine Beobachtungen als Beobachtungen über das, was ich damals *die Welt* nannte.

Diese Welt war eine Sphäre des Neubeginns, der Hausbau beanspruchte die Familie so sehr wie nichts anderes zuvor, deutlich war zu spüren, daß meine Eltern mit diesem Bau an die Zukunft dachten, an eine gemeinsame, offene, weite Zukunft, und so erlebte ich diese Tage wie einen Aufbruch, den Aufbruch aus der Zeit der finsteren

Tage, den Aufbruch fort aus der dunklen Vergangenheit.

Mag sein, daß mir diese Empfindung Mut gemacht hatte, jedenfalls hatte ich in dieser Zeit eine Art neuen Schwung, einen Auftrieb, ein Vorwärts zu spüren gemeint, und vielleicht hatte dies zu meiner Euphorie beigetragen, einer Euphorie, die sich in meiner kleinen Erzählung so mitgeteilt hatte, daß ich von einer großen Ordnung geschrieben hatte, von der Ordnung der Natur, die sich in den manischen Fortbewegungen der Tiere dokumentierte und nichts anderes verhieß, als daß es von nun an *gut werden* würde.

Ja, ich hatte meine Erzählung aus dem Antrieb und der Erfahrung geschrieben, daß alles sich ordnen ließ, geradezu begeistert hatte mich dieser Gedanke gemacht, und er hatte damit zu tun gehabt, daß ich das neue Haus mit den Ruinen der Stadt Köln verglichen hatte, mit den zerbombten, schwarzen Knochenhäusern, die die Häuser der Vergangenheit und die Häuser meiner toten Brüder gewesen waren.

Das neue Haus aber hatte nichts vom Geruch des Krieges, es war ein helles, freundliches Haus, es fügte sich in die dichte, grüne Wildnis der Bäume wie ein Refugium, in dem man sicher war und aufgehoben für alle Zeit. In diesem neuen Haus rochen die Kellerräume ganz frisch, ich tastete mit den Fingern an den kühlen, noch feuchten Wänden entlang, es war ein betörender Duft, der Duft von frischem, kaum erstarrtem Mörtel, der Duft von Kalk, Sand und Beton.

Vor allem aber begeisterte mich, daß dieses Haus sich den Planungen meines Vaters verdankte. Mein Vater hatte das Grundstück vermessen und den Bau entworfen, er war Architekt und Bauleiter in einer Person, nach seinen Anweisungen arbeiteten die Handwerker und turnten die Zimmerleute im Gebälk des Daches herum. Die Zeichnungen meines Vaters, seine Skizzen und Entwürfe – hier sah ich zum ersten Mal, wie sie Wirklichkeit wurden und etwas schufen, hier galten sie als die unumstößlichen Ordnungen, denen sich alles zu fügen hatte.

Unsere Familie hatte begonnen, sich zu verwandeln: mein Vater hatte, wie es hieß, *das Heft in die Hand genommen*, meine Mutter stand ihm bei den Arbeiten zur Seite, und ich schrieb, wie ich es gelernt hatte, von Tag zu Tag auf, wie der Bau wuchs, welche Arbeiter gerade am Werk waren und welche Probleme es zu lösen galt.

Allmählich waren wir aus der stockenden, stehengebliebenen Zeit herausgetreten, die Zeit war in Bewegung und schließlich in Fluß geraten, jetzt wurde unaufhörlich gehandelt, geplant und verworfen, daher hatte mich der Blick auf das Ameisenvolk in geheime Erregung versetzt, dieser Blick verlieh mir die Illusion, daß ich in einem kleinen,

überschaubaren Terrain das Leben selbst überwachte, hier, unter meinen Augen und meiner
Aufsicht, verlief dieses neue Leben zügig und ununterbrochen in geregelten Bahnen.

So war meine Erzählung ein Hymnus auf die
Schöpfung geworden, ich hatte geglaubt, ihre ge-
störten Ordnungen seien wiederhergestellt, durch
Arbeit und durch die Begeisterung, die diese Arbeit
uns allen verschaffte.

Mit der Veröffentlichung meiner Erzählung war
ein Abdruck dieser Begeisterung in der Welt erschienen, plötzlich konnten auch Fremde teilhaben
an diesen Veränderungen, sie brauchten nur zu
lesen, was da geschrieben stand, auf der wöchentlichen Kinderseite der Tageszeitung, dort, wo
mein Name aufblinkte, an dessen gedrucktem Erscheinen ich mich nicht sattsehen konnte.

Immer wieder schlug ich die Zeitung zusammen
und legte sie irgendwohin, möglichst weit weg,
dort, in einem entfernten Winkel, sollte sie liegen,
unberührt, bis ich sie wieder hervorholen würde,
langsam, mit den andächtigen Bewegungen eines
Genießers. Ja, es war ein zuvor nie erfahrener,
einzigartiger Genuß, diese Zeitung aufzuschlagen,
man mußte sie Seite für Seite durchblättern, wie
einer, der den Unwissenden spielt und sich über-
raschen lassen will, und wirklich überfiel mich
jedes Mal, wenn ich die bekannte Seite erreichte,

aufs neue die Euphorie des Wiedererkennens, mein Name, *Ich*, ein für allemal!

»Schauen wir mal nach«, spielte ich den Unschuldigen und legte mir die Zeitung zurecht, »schauen wir mal nach, was heute in der Zeitung steht«, flüsterte ich, und schon empfand ich das neuartige, sich beim Umblättern der Seiten steigernde Kribbeln, »aha, schauen wir mal... na sowas... eine Erzählung... eine Geschichte... und wer hat sie geschrieben?«

Der Name, bei dem meine naiv tuende Suche jedes Mal endete, der Name, den ich mir immer wieder vorsagte, als hätte ich ihn nie gehört, erschien mir als eine Art Rätsel. Sicher, ich hatte etwas mit diesem Namen zu tun, und doch war mein gedruckter Name ein fremder Name, es war der Name des Drucks, der Name der Lettern, die aus dem vertrauten Namen einen fernen Namen gemacht hatten, den Namen eines Menschen, der schrieb, den Namen eines Schriftstellers.

»Ja«, dachte ich (und dieser Gedanke ließ die Euphorie jedes Mal noch um einiges steigen), »ja, ich bin ein Schriftsteller, ich bin ein Schriftsteller, ich bin ein Schriftsteller!« Die Fremdheit des Namens drängte mir diese Litanei auf, plötzlich erkannte ich, daß der gedruckte Name mich verwandelt hatte, ich existierte nicht mehr allein, die gedruckten Buchstaben hatten einen doppelten

Menschen aus mir gemacht, ich existierte zu zweit, in meinem vertrauten, pulsierenden Leib und in den fremden Buchstaben des Drucks.

Diese beiden Gestalten aber kannten einander kaum, sie begegneten sich, wenn ich die Zeitung aufschlug, wie zwei entfernte Verwandte, die sich flüchtig die Hand gaben und dann ihrer Wege gingen. Wenn ich die Zeitung zusammenschlug, verschwand dieser Verwandte, er entfernte sich, während mein leibliches Ich sich ebenfalls abwandte, anderen Beschäftigungen nachgehend. In meiner Phantasie spazierte der Fremde ohne meine Begleitung in einem großen, chaotischen Dschungel umher, dem Dschungel der Schrift.

Dem war nicht zu trauen. Manchmal lugte ich vorsichtig in die Zeitung, als könnte mein Name inzwischen verschwunden sein, manchmal dachte ich, ich sei einer Art Trug aufgesessen, vielleicht war meine Geschichte durch ein Versehen in die Zeitung geraten. Irgendwo, in der mir fremden Ferne einer Druckerei, hatte man aus mir einen anderen gemacht, irgendwo lief eine Gestalt herum, die mir ähnelte, eine Art Doppelgänger, und ich wußte noch nicht, was ich halten sollte von dieser Verdoppelung, denn manchmal erschien sie mir auch gefährlich, als hätte ich dieser ins vornehme Gewand der Druckbuchstaben gekleideten Gestalt etwas mitgegeben von mir, als hätte diese Gestalt mir etwas genommen oder entrissen.

Es gab nur einen Weg, sich Klarheit zu verschaffen, ich mußte das Experiment wiederholen. Und so setzte ich mich hin, schrieb eine andere Geschichte in Druckbuchstaben ab und schickte sie an eine andere Redaktion, die Redaktion der Kinderseite des Wuppertaler *General-Anzeigers*.

Wieder mußte ich mich gedulden, ich wußte ja schon, die Redaktionen waren faul und langsam, sie hielten es nicht für nötig, sich bei einem zu melden, statt dessen gossen sie meine mit Tinte gekritzelten Druckbuchstaben in heiße Lettern, umgeschmolzen wurden meine Buchstaben, erhitzt kamen sie, wie ich dachte, aus einem Ofen, und so wurde die Geschichte gebacken.

Doch nach wenigen Wochen des Wartens traf, wiederum mit der Post, das Belegexemplar ein, ha, jetzt wußte ich schon, was der braune, dünne Packpapierstreifen bedeutete, ich hatte mich verdreifacht, irgendwo in dieser Zeitungsausgabe spazierte mein Name herum, ein für allemal!

Jetzt war es bewiesen, ich lebte gleich mehrfach, irgend etwas von mir war herausgetreten aus dem Raum des für meine Familie gehorteten Schreibens, irgend etwas nahm einen Teil von mir auf den Buckel und trug diesen Teil wie einen Rucksack durch die Welt des Gedruckten!

Jedes Mal, wenn ich nun die beiden Zeitungen aufschlug, wuchs der Rausch, den ich empfand. Meine gedruckten Namen waren wie Kraftspender, wie Quellen einer mächtig strömenden Energie, die mich belebte und übermütig machte. Ich tanzte wie ein Derwisch in meinem Kinderzimmer herum, ich umtanzte mein kleines Schreibpult, dort, in diesem Pult lagen die sorgfältig aufbewahrten Zeugnisse meines Schreibens, kurze Geschichten, Kalendereintragungen, Berichte von den Reisen mit meinem Vater. Diesen großen Schatz wollte ich Stück für Stück preisgeben, ich wollte Teile dieses Schatzes herschenken, um den schönen und schwindelerregenden Rausch des Drucks zu genießen, mein Name sollte sich vermehren und in die Lande gestreut werden, der Name eines großen und mächtigen Sultans der Schrift, der in einem unzugänglichen Palast saß und statt seiner Person die Diener des Drucks losschickte, die seinen Namen ausriefen in allen Provinzen.

Ich wußte, wie sich dieser Traum verwirklichen ließ, es war ja ganz einfach, ich brauchte mich nur an eine der faulen und langsamen Redaktionen zu wenden, um ihnen mitzuteilen, daß ich von nun an bereit sei, jede Woche eine Geschichte zu veröffentlichen. Gern, schrieb ich, gern bin ich bereit, ihnen pünktlich jede Woche eine Erzählung zu schicken, am besten aber wäre es, sie würden meine Geschichten

122

in Fortsetzungen drucken, gern schicke ich ihnen eine lange Fortsetzungsgeschichte, sie soll spannend sein und gut. Ich brauche, schrieb ich, diese Geschichten nicht erst zu schreiben, ich habe sie schon geschrieben, sie liegen alle in meinem Schreibtisch, und ich schicke sie ihnen sofort.

Bald nach Absendung dieses Briefes machte ich mich an die Durchsicht meiner Texte. In Wahrheit hatte ich noch nie eine längere Geschichte, eine Geschichte also von mehr als drei oder vier Seiten, geschrieben, zu einer längeren Geschichte gehörten viele Figuren und eine Handlung, bisher hatte ich jedoch nur Geschichten geschrieben, die sich meinem seltsamen Beobachtungstick verdankten, lauter Ich-Geschichten, lauter Erzählungen, die den kleinen Kosmos meiner nächsten Umgebung abgrasten.

Traute ich mir zu, eine längere Geschichte zu schreiben? Würde mir genug einfallen, um eine solche Geschichte fortzuspinnen? Ich machte mich an die Arbeit, man mußte nur fest die Augen schließen und sich hineinträumen in eine Geschichte, man mußte in einem vertrauten Gelände, an einem bekannten Ort, mit der Geschichte beginnen und dann einfach drauflos erzählen, was einem so einfiel, das ließ sich schon machen.

Die Antwort der Redaktion ließ diesmal nicht lange auf sich warten. Man bedankte sich höflich, man tat erstaunt, daß ein Kind meines Alters schon so viel geschrieben habe, doch endete schließlich alles mit dem Bedauern, daß man keine Möglichkeit sehe, Woche für Woche eine meiner Geschichten zu drucken. *Ab und zu*, hieß es, würde man gern etwas drucken, Beiträge der jungen Leser seien immer willkommen, stellten aber doch eine Ausnahme dar. Ich sollte mich zu einem späteren Zeitpunkt wieder melden, dann werde man meine Geschichte prüfen, und vielleicht, *vielleicht* würde man sie auch wieder drucken.

Ich hatte nicht mit einer Absage gerechnet. Von vornherein hatte ich ausgeschlossen, daß man an meinen Texten nicht interessiert sein könnte. Ich hatte den entscheidenden Schritt längst getan, ich war, wie ich mir weiter einredete, ein Schriftsteller, um so mehr enttäuschten mich Briefe, in denen ich lediglich als *junger Leser* angesprochen wurde und in denen man mir deutlich genug zu verstehen gab, daß der Druck ein bloßes *Ab und zu*, ein *Vielleicht* sei.

Im stillen weigerte ich mich, diesen empörenden Brief anzuerkennen. Es war ein Brief von unwissenden oder schlecht informierten Leuten, denen ich schon noch beweisen würde, wie es wirklich um mich stand. Wahrscheinlich waren sie einfach zu faul, sich jede Woche um meine Geschichten zu kümmern, wahrscheinlich legten sie die Hände in den Schoß, um sich die Finger nicht an den Lettern dreckig zu machen. Statt meine Geschichten zu drucken, druckten sie Auszüge aus Büchern, wahrscheinlich ließen sich solche Auszüge mühelos drucken, niemand brauchte sich um solche Texte Gedanken zu machen, es waren keine frischen Schriftstellergeschichten, sondern matte, müde Kopien.

Ich mußte einen anderen Weg finden, meine Geschichten in Lettern zu setzen, jetzt war es geschehen, ich wollte fort von den handgeschriebenen Texten, meine Krakeleien genügten nicht mehr, ich wollte meine Manuskripte verwandelt sehen, weil ich mich selbst erleben wollte in fernen, fremden Gestalten, den Gestalten des unheimlich erscheinenden Umtauschs meines Rufnamens in die Namen der Vielen.

Denn die Lust am Schreiben zielt auf den letzten entscheidenden Schritt, die Schaulust an der Veröffentlichung, die Lust an der Übersetzung des geschriebenen, abgetippten Textes in einen gedruckten.

Ich denke, diese Endlust liegt allem Schreiben zugrunde. Man schreibt, um das Geschriebene, Private umzutauschen in eine andere Gestalt, die der öffentlichen Rede. Die Verwandlung des privaten Textes in einen öffentlichen entbindet den Text, sie macht ihn frei, sie schickt ihn hinaus in die Welt, mit dem Auftrag, herumzustreunen und sich an möglichst viele andere Sprecher zu wenden. Man verschenkt einen Teil seines Selbst, man gibt ihn preis, und dafür erscheinen in der Tiefe des Brunnens, in der fernen Dunkelheit, dort, wo ein matter und unergründlicher Wasserspiegel seit ewigen Zeiten still steht, die undeutlichen, schwankenden Bilder des Narziß, die, greift man nach ihnen, sofort wieder zerfließen.

Veröffentlichen heißt: sich in solche künstlichen, gebrochenen und flüchtigen Bilder und Gestalten zu vervielfachen. Mit der Zeit entwickeln diese flüchtigen Gestalten ein eigenes Leben, sie gehen seltsame Verbindungen ein, sie bilden einen Clan, der eigene Rechte anmeldet. Diese Rechte sind die Rechte des Überlebens, immer ist der Clan mächtiger als die private Gestalt des Ich, die etwas Zufälliges, Ephemeres hat und mit den Jahren allmählich abnimmt und verschwindet.

So triumphieren endlich die Textgestalten, die Gestalten der veröffentlichten Rede. Sie sind die ewigen Hinterbliebenen, eine starke und eigenwillige Erbengemeinschaft, die den Toten rasch vergißt und die Erinnerung an ihn nur noch flüchtig wachhält. Alles, was der Tote hinterlassen hat, versucht sie zu verwandeln in die öffentliche und allgemeine Rede, es darf keine Geheimnisse geben, am Ende ist der ganze Besitz des Toten seziert und umgegossen in die Vielfalt der gedruckten Texte: Tagebücher, Briefe, der letzte, zu Lebzeiten un-

bedeutende Zettel mit einer knappen, nichtssagen-
den Notiz.

Die Arbeit der Textgestalten ist die manische
Suche nach dem Überleben, schließlich ist alles
Private, Intime ausgelöscht, es hat sich aufgelöst in
der Herrschaft der Schrift, dort, wo es den Schreiber von Anfang an hindrängte, in den Raum der
Spiegel und Labyrinthe, in den Raum der unendlichen Dialoge.

Der Blick auf den veröffentlichten Text, die Endlust, ist der letzte Impuls des Schreibens, sein Ziel
und sein immer mitgedachter oder imaginärer
Fluchtpunkt. Dieser Endlust gehen jedoch viele
Vorstufen der Lust voraus, denn Schreiben hat –
wie jedes manisch und wollüstig ausgeübte Handwerk – libidinöse Züge.

Eine dieser Lüste, ich nenne sie die Urlust,
entzündet sich an den Materialien, daran, *worauf*
und *womit* man schreibt. Seit meiner Kindheit, seit
den ersten Schriftzügen, haben mich Schreib-
warenläden fasziniert. Die verschiedenen Sorten
Papier, die Schreibhefte mit ihren unterschiedlichen Formaten, liniert, kariert, Bleistifte, Kugel-
schreiber, Federhalter, Faserschreiber, dünne und
dickere Schreibmienen – ich konnte nie genug
davon haben und mußte die neusten Modelle aus-
probieren, um das Schreiberlebnis zu testen.

Schreiben ist ein intensives Tasterlebnis, durch

das Schreiben werden die Hände geformt und geübt, sie entwickeln sensuelle Reize, die einem nur dann verständlich sind, wenn man genauer bedenkt, was die Hände berühren und wonach sie tasten.

In den Anfängen des Schreibens werden die Hände die Materialien, auf die geschrieben wurde, noch intensiver berührt haben. Der glatte Stein, die Tonscherbe – die Hände mußten, nachdem die Materialien mit den Verlängerungen und Verhärtungen der Finger – Meißeln, Keilen, Griffeln – bearbeitet waren, immer wieder über die Oberfläche des Materials streichen, um es zu säubern, zu glätten. Die letzte Berührung der Finger mag dem Eindruck der Buchstaben in das Material gegolten haben, dem Nachfahren der Kerben, dem Entlangfahren der schmalen Linien und Rundungen, die die Buchstaben hinterlassen hatten.

Wonach die Finger tasteten, indem sie die reliefartige Oberfläche abstrichen, wird einem klarer, wenn man an das heute übliche Schreibmaterial, Papier, denkt. Papier ist eine Haut, jeder Papierbogen ruft die Erinnerung an seine Ahnen, Papyrus und Pergament, sensible Häute mit winzigen Zellen, wach.

Die japanischen und chinesischen Kalligraphen führen diese Berührung mit dem idealen Schreibgerät durch: dem Schreibpinsel. Kein Schreibgerät kommt dem Schreibpinsel gleich, denn der Pinsel besteht aus feinen Haaren, die die Haut des Papiers umschmeicheln und sich seinen Fermenten besonders anpassen. Die Pinselhaare sind die besten Erreger der Haut, ihre leichten und wendigen Bewegungen dringen nicht tief in die Oberfläche ein, sondern bestreichen sie nur. Der Schreibpinsel ist daher die ideale Verlängerung der Fingerkuppen.

Aus den verschiedenen Formen, die die Hände bilden können, ist unsere Vorstellung der Gegenstände entstanden. Die Finger können sich ineinander flechten, um einen Korb zu bilden, sie können sich krümmen, um eine Hohlform herzustellen. So finden die Gegenstände in der Formung der Finger und Hände ihre Zeichen:

Es scheint einen ungeheuer wichtigen zentralen Punkt zu geben, wo die Entstehung der Zeichensprache für Dinge jene Lust, sie selber zu formen, mitenthielt, lange bevor man es wirklich versuchte. Was man mit Hilfe der Hände spielte, wurde erst später, wenn es oft genug gespielt worden war, auch wirklich gemacht. Worte *und* Gegenstände *wären demnach Ausfluß und Ergebnis eines einzigen einheitlichen Erlebnisses, eben der Darstellung durch die Hände. Alles, was der Mensch ist und kann, alles was in einem repräsentativen Sinne seine Kultur ausmacht, hat er sich durch Verwandlungen erst einverleibt. Hände und Gesicht waren die eigentlichen Vehikel dieser Einverleibung. Ihre Bedeutung nahm − im Verhältnis zum übrigen Körper − immer mehr zu. Das*

Eigenleben der Hände, in diesem ursprünglichsten Sinne,
*hat sich im Gestikulieren noch am reinsten erhalten.**

Schreiben ist eine weit entwickelte Form dieses
Eigenlebens der Hände. Was die Hände am meisten
befriedigt und wonach sie am liebsten tasten, Fell
und Haut, ist gleichsam der verborgene, aber noch
immer vorhandene Untergrund des Schreibens.
Auf oder vor diesem Untergrund formen die
Hände die Buchstaben. Indem sie aber die Buchstaben formen, tasten sie im Grunde nach den
Gegenständen und Bildern, auf die die Buchstaben
sich beziehen. Die Buchstaben stehen daher nur
stellvertretend für die Gegenstände; an deren Formung und an ihrem Erscheinen ist den Händen
eigentlich gelegen.

Doch im Schreiben berühren die Hände diese
zu formenden und zu bildenden Gegenstände
nicht direkt. Sie berühren sie nur auf dem Umweg
über die Buchstaben. Damit die Buchstaben aber
die Gegenstände, auf die sie sich beziehen, auch
evozieren, muß sich der Schreiber in den Raum
begeben, in dem die Gegenstände ihn – wie fremde
und erkaltete Abbildungen – erwarten.

Dieser Raum macht das Schreiben geheimnisvoll. Sein Betreten macht einen großen Teil jener

* Elias Canetti: Masse und Macht. Erster Band. Reihe Hanser
124, o.O., S. 241

Lust aus, den die Phantasie zum Schreiben bei-
steuert. Ich nenne diese Lust *die Lust des großen
Appetits*. Was damit gemeint ist, wird bald verständlich werden.

Menschen, die vom Schreiben nichts verstehen,
haben oft eine heroische oder erhabene Vorstellung
vom Ort des Schreibens. Sie stellen sich vor, das
Schreiben gelinge besonders gut an besonders hervorgehobenen Plätzen, in Räumen mit weiter,
malerischer Aussicht, in der freien und angeblich
stimulierenden Natur, wo die Vielfalt des Gesehenen den Schreibenden anrege oder unterhalte, oder
an öffentlichen Orten wie dem Kaffeehaus, wo der
Schreibende seine Schreibeinsamkeit lindere, indem er in eine lebhafte und sich von Minute zu
Minute verändernde Umgebung eintauche.

Diese Vorstellungen sind romantisierend. Der
Raum des Schreibens ist für mich ein ganz anderer,
es ist ein abgeschlossener, intimer, ja dunkler
Raum. Am besten gelingt das Schreiben überhaupt
in ganz winzigen, engen und unauffälligen Räumen. Je abgeschiedener sie sind, um so besser. Je
weniger sie von der Außenwelt eindringen lassen,
um so eher erlauben sie den elementaren Rückzug
des Schreibenden auf sich selbst.

Die idealen Schreibräume sind daher Höhlen
oder kleine, von anderen Räumen abgesonderte
Zimmer, fensterlos oder mit Fenstern, durch die

man immer denselben, unveränderlichen und monotonen Ausschnitt der Welt gewahr wird.

In solchen Höhlen steht ein Tisch, ein Stuhl, ein Regal und eine Liege. Das Regal ist keineswegs voller Bücher, denn jedes Buch in der Nähe des Schreibens bedeutet eine Belästigung. Am besten, man erlaubt nur jenen Büchern, die man unbedingt zum Schreiben braucht, den Zugang in die höhlenartige Anlage, Büchern, die das Abschmecken der Sprache erlauben, Büchern, die von trockener und doch konziser Stimulans sind, also Lexika, Wörterbüchern und anderen Nachschlagewerken.

Auf dem Tisch liegen ein weißer Packen Papier, Stifte aller Art, auch Klebestifte und Scheren, sonst nichts. Der Stuhl sollte bequem sein, die Liege braucht man in den Phasen der Ermüdung, sie ist notwendig, damit man den Raum des Schreibens nicht verlassen muß, wenn man erschöpft ist. Weitere Stimulantien sind erlaubt, oft sind es Tee, Kaffee oder Tabak. Wenn sie das Schreiben anregen, sollten sie in großen Mengen vorhanden sein. Es ist ein Irrtum, daß Alkohol das Schreiben in irgendeiner Weise befördert, Alkohol ist ein viel zu aufdringlicher, kräftiger Stoff, als daß er jene heiße Wachheit hervorrufen könnte, die dem Schreiben dienlich ist.

Alkohol besetzt den Körper zu stark, im Schreiben sollte der Körper jedoch ganz Gefäß sein, eine erregbare, erwartungsvolle Hülle, die auf die in Bewegung geratenden inneren Reize reagiert. Der

gespannte Körper ist trockene Präsenz, ein aufge-
ladenes Aggregat im absoluten Ruhezustand, in der
Vorstufe der Trance.

Nichts darf jetzt eindringen in den Raum, in
dem das Schreiben gelingen soll, keine fremde
Stimme, keinerlei Außenkontakt, weder die Stimmen von Anwesenden, die vielleicht das Haus mit-
bevölkern, noch etwa die alles zerstörenden Weck-
rufe eines Telefons, die sofort zunichte machen, was
der Anspannung dient.

Ich habe oft darüber nachgedacht, warum ich für
mein Schreiben eine solche Situation brauche, wie
ich sie hier – in idealisierter und überzeichneter
Form – skizziert habe. Manche Schriftsteller arbeiten im lautesten Menschengetümmel, andere
gehen in ihren Schreibräumen motorisch auf und
ab, um das Schreiben in Bewegung zu bringen.
Wieder andere sehen in all diesen Vorgängen nichts
Besonderes oder Geheimnisvolles und beschreiben
in lakonischer Klarheit, wie sie den Raum ihres
Schreibens nach lauter nützlichen Erwägungen
einrichten.

Mit der Zeit bin ich in meinen Überlegungen
darauf gekommen, daß die für mich ideale Schreib-
situation an frühe Situationen meiner ersten Kind-
heitsjahre erinnert. Ich glaube, daß ich für das
Schreiben einen Zustand imaginiere und herbei-
führe, wie ich ihn in meinen stummen und von den

Ärzten als »autistisch« bezeichneten Phasen erlebte. Genau erinnere ich mich jedenfalls daran, daß mich in diesen Zuständen nichts so ängstigte wie die Berührung durch fremde Gegenstände. Ich saß still und unbeweglich auf einem Fleck, in mir erkaltete alles, ich fror an den Händen, und die Kälteschauer zogen sich wie feine Zellophanhäute über die Kopfhaut.

Diese Zustände ähnelten einem allmählichen Verschwinden und Kleinerwerden, einem Schrumpfen, so, als verkröche sich mein Körper in einem dunklen Schacht oder als überwölbte ihn plötzlich ein festes, straff gespanntes Zelt, aus dem es niemals mehr einen Weg nach draußen gäbe.

Es ist möglich, daß ich mich während des Schreibens in diese frühen Zustände zurückversetze. Denn auch beim Schreiben habe ich diese Erfahrung der Leiblosigkeit gemacht, die man in den Kindheitsjahren als »Abwesenheit« bezeichnete. »Er ist abwesend«, sagten die Verwandten und Freunde dazu, denen das Schlagwort Autismus nichts sagte. Alle wußten, daß niemand mich aus diesen Zuständen befreien konnte. Berührte mich jemand, schrie ich auf, als fügte man mir eine Verletzung zu. Manchmal dauerte es Stunden, manchmal nur Minuten. Wenn ich erwachte, lallte ich irgendwelche Laute vor mich hin, oder ich stotterte wie einer, der die Sprache in lauter unverständliche Brocken zerhackt.

Jedenfalls brauche ich, um zu schreiben, diesen leeren, monotonen, von keiner Störung beeinträchtigten Raum. Nur ein solcher Raum bietet die Voraussetzung dafür, daß ich mit den Gestalten des Schreibens – den Sätzen, den Figuren, den Elementen der Handlung – in Kontakt komme.

Auch diese »Kontaktaufnahme« hat etwas Seltsames. Denn ich habe nie das Gefühl, daß ich auf meine Gestalten zugehe, daß ich sie durch bestimmte Akte der Phantasie erst zusammensetze oder daß ich sie wahrhaftig neu erschaffe. Eher kommt es mir so vor, als seien all diese Gestalten schon da.

Ja, meist denke ich, daß die Gestalten und Szenen gleichsam auf mich warten, daß sie vor meinem inneren Auge heraufsteigen und daß ich nun alle Kräfte daransetzen muß, sie gleichsam bei Laune zu halten.

In einer Passage der Homerischen *Odyssee* glaube ich für diesen Vorgang eine Art Bild gefunden zu haben. Dieses Bild ist zwar nur sehr begrenzt auf mein Schreiben anwendbar, aber es berührt doch in einigen wichtigen Motiven genau jene Haltung, die ich als Schreiber gegenüber dem Imaginierten einnehme.

Im Elften Gesang der *Odyssee* heißt es:

Und nachdem wir uns mit jeglichem Gerät zu schaffen gemacht hatten auf dem Schiffe, saßen wir, und dieses

*lenkte der Wind und der Steuermann. Und den ganzen
Tag waren seine Segel gespannt, während es das Meer
durchquerte. Und die Sonne ging unter, und überschattet
wurden alle Straßen. Und das Schiff kam zu den Grenzen des tiefströmenden Okeanos, wo Gau und Stadt der
Kimmerischen Männer ist. In Dunst und Wolken sind
sie eingehüllt, und niemals blickt der leuchtende Helios
auf sie herab mit seinen Strahlen, weder wenn er zum
gestirnten Himmel aufsteigt, noch wenn er sich vom
Himmel wieder zurück zur Erde wendet, sondern böse
Nacht ist über die armen Sterblichen gebreitet.*

*Dort angekommen, ließen wir das Schiff auflaufen,
schafften die Schafe heraus und gingen selbst hinwieder
die Strömung des Okeanos entlang, bis wir zu dem
Platze hingelangten, den Kirke gewiesen hatte. Da hielten Perimedes und Eurylochos die Opfertiere fest. Ich
aber zog das scharfe Schwert von der Hüfte und grub eine
Grube, eine Elle lang hierhin und dorthin, und um sie
goß ich den Weihguß für alle Toten: zuerst von Honig-
gemisch, hernach von süßem Weine, zum dritten hinwieder von Wasser, und streute darüber weiße Gerste...
Doch als ich die Völker der Toten mit Gelübden und
Gebeten angefleht, ergriff ich die Schafe und durchschnitt
ihnen den Hals über der Grube, und es strömte das
schwarzwolkige Blut. Da versammelten sich von unten
aus dem Erebos die Seelen der dahingestorbenen Toten:
junge Frauen und junge Männer, Greise, die viel erduldet
hatten, und noch kindliche Mädchen mit jungem Gram
im Herzen, und viele, verwundet von erzbeschlagenen*

*Lanzen: Männer, im Kriege gefallen, mit blutverkrusteten Rüstungen. Die kamen und gingen um die Grube, viele, der eine hier-, der andere von dorther, mit unaussprechlichem Geschrei, und mich ergriff die blasse Furcht.**

Der Schreiber hat sich *mit jeglichem Gerät zu schaffen gemacht*, jedes Ding auf dem Schreibtisch ist ihm durch die Hände gegangen, jedes Ding wurde berührt, der Bleistift gespitzt, die Schere liegt neben dem Papierstoß, die flache Hand hat über den einzelnen, noch unbeschriebenen Bogen gestrichen, nun sitzt er still, er wartet, daß der Wind lenkt und der Steuermann. Und die Erwartung bleibt wie Segel gespannt, während die innere Bewegung immer gleichmäßiger wird, ein sachtes, kontinuierliches Dahinfahren oder Dahingleiten, ein Durchqueren des unbewegten Meeres.

Es ist dunkel, die Sonne längst untergegangen, nichts ist zu spüren als der tiefströmende Ozean, und das Schiff kommt zu den Grenzen, dort, wo *Gau und Stadt der Kimmerischen Männer* sind. Dunst und Wolken, nichts Gewisses, nur das Opfer und die Anrufung der Toten.

Meine Phantasie, denke ich, berührt die Gegenstände und Körper, als befänden sie sich in einer

---

* Homer: Die Odyssee. Deutsch von Wolfgang Schadewaldt. Rowohlts Klassiker. Band 29/30, o.O., S. 139f.

eigenen Sphäre, einer abgetrennten Tiefe, einem sterilen, geschlossenen Reich, zu dem sich der Zugang erst öffnen muß. Alle Objekte der Phantasie ähneln Toten, die auf ihre Wiedererweckung warten, sie sind erstarrt, Idole oder Mumien, sie sind Wesen aus erkaltetem Ton oder in sich zusammengesunkene Torsi.

Als Schreiber nehme ich unter ihnen Platz, ich setze mich, ich muß dem fremden Gestalten behilflich sein, an Leben zu gewinnen.

In vier meiner fünf Romane sind die Erzähler Schreiber. Der Erzähler, der zugleich Schreiber ist, konzentriert den Text um die Mitte des Ortes, an dem geschrieben wird. Die Vorstellung eines solchen Ortes erschien mir oft notwendig, um die Bewegung des Schreibens zu sichern. Es war, als suchte und griffe ich nach einem Halt, um diese Bewegung nicht abtrudeln zu lassen.

Immer lag dieser Ort in Kimmerischem Gelände. In *Hecke* zieht sich der Schreiber in ein neben dem Elternhaus gelegenes Blockhaus zurück, um zu schreiben. Den Tag verbringt er im Elternhaus, das Elternhaus ist die Sphäre, in der er sich vorbereitet und mästet, in der er ißt, telefoniert, trinkt, umhergeht, aus dem Fenster schaut, es ist die Sphäre des Kramens und Hortens.

Um zu schreiben, muß er diese Sphäre verlassen, er muß einen Weg nehmen zum Blockhaus, durch den Wald, zwischen den alles verdunkelnden Bäumen hindurch. Das Blockhaus hat ein Fenster, aber dieses Fenster bietet keinen Ausblick an. Das Blockhaus ist leer, es gibt nichts her, es ist der Ort des puren Schreibens, weltfern, verbindungslos.

In *Schwerenöter* ist Venedig das Kimmerische Gelände. Venedig ist die Stadt des Meeres und der Schatten, nirgendwo kann man sich so verlaufen wie im dunstigen Nebel Venedigs. Seine Gassen täuschen einem immer wieder den Heimweg vor, es sind gekrümmte, ganglienähnliche Gassen, und die winzigen, schön geschwungenen Brücken, die man über einige Treppenstufen betritt, sind nichts als Illusionen des Ausblicks. Schon die Treppenstufen sind bloße Verführung, sie schwindeln einem vor, Höhe zu erreichen, wie zum Hohn führen sie einen auch wieder hinunter. Man hat einen Sprung im Nebel gemacht, sonst nichts.

In Venedig ist ein dauerndes Verschwinden möglich. Die Barken und Gondeln liegen immer bereit, ihr Auf- und Abschaukeln, ihr Abschmatzen des Wassers, ihr ungeduldiges Kratzen an den hölzernen Pfählen, die sie nur kurzfristig halten – das alles sind Lockrufe, die einen aufs Meer hinaus locken. Ja, die Barken und Gondeln drängt es aufs Meer, gerade deshalb ist die Magie dieser Stadt so außerordentlich, weil man in ihr schon halb auf dem Meer lebt, weil sich das Meer hineindrängt in die

Plätze und Häuser: Venedig ist eine Tintenfisch-
stadt, vielarmig, feucht, mit unendlich vielen weichen, nachgiebigen Saugnäpfen, die sich an den
Besucher schmiegen, ihn abtasten und ihn hinaus-
ziehen wollen aufs Meer.

Mit den Tagen, die man sich dort aufhält, wird
diese Magie immer stärker. Draußen die Toteninsel,
draußen das offene Meer, es ist, als lebte man am
Rand der Versenkung.

In *Agenten* ist der Schreiber Redakteur einer Tageszeitung. Der Schreibort, an dem er sich befindet,
ist imaginär. Er sitzt irgendwo, vielleicht in einem
der Jugendstilhäuser Wiesbadens, vielleicht in
einem Taunusversteck. In Wahrheit hat er den konkreten Raum seines Schreibens, den Raum der
Redaktion und des Zeitungsgebäudes, verloren. Er
schreibt, um sich einen Ort zu sichern, er schreibt
sich in einen Ort hinein.

Der Roman spielt in Wiesbaden, Wiesbaden ist
die Schwefelstadt, die Stadt der Bäder und heißen
Quellen, der langgestreckten, feuchten Täler, die
einen zu den Waldgrenzen führen. Es ist eine Stadt,
die einem die Luft zum Atmen nimmt, alles in ihr
scheint porös, ein vegetatives Ensemble von Häusern, eine Stadt der Dämpfe, in der man erstarrt
und Sektflasche um Sektflasche leert, um das all-
gegenwärtige, dunstige Kribbeln, das sich auf der
Haut ablagert, hineinzuziehen in den Körper.

Am deutlichsten aber erscheint der Erzähler des Romans *Abschied von den Kriegsteilnehmern* als Schreiber. Der Vater dieses Schreibers ist gestorben, nach seinem Tod begibt er sich auf eine weite Reise, er hofft, den Tod seines Vaters so zu vergessen. Doch je länger er reist, je mehr er sich von seinem Vater entfernt, um so näher rückt die tote Gestalt. Endlich, im Bergland der Dominikanischen Republik, in der Zone der feuchten Hochwälder, von wo aus manchmal die schweren Regen wie Strafgerichte und zornige Himmelsausbrüche über das Land ziehen, ist es soweit. Der Erzähler ist einem Unwetter entkommen, es hat ihn bis aufs Hemd durchweicht, es hat ihn niedergebogen, klein gemacht, auf die Erde gepreßt, es hat ihn zu einer Krume Erde gemacht, einer aufgeweichten Krume, die herabgeschwemmt wird in ein Bergdorf. Dort geschieht es, die Handlung, die Bewegung wird angehalten, steht still, die Zeremonie beginnt, der Tote erscheint:

Etwa eine Stunde später war ich auf das Dorf gestoßen. Es lag so vor mir, wie ich es verlassen hatte, anscheinend war der Regen nicht bis hierher gedrungen. Ich versuchte, mein Quartier unbemerkt zu erreichen. Ich wusch meine Hände und mein Gesicht im Wasser einer Regentonne, dann schlich ich mich in meine Behausung.

Man hatte Tisch und Stuhl hineingestellt, das Obst lag auf dem Tisch, und daneben stand eine Schale mit kalt gewordenem Eintopf. Auf dem Bett lagen drei Hand-

tücher und ein weißes, größeres Tuch. Ich zog mich aus und trocknete mich ab. Dann legte ich mich auf das Bett. Mein Herz klopfte. Ich hatte immer noch Angst. Am Nachmittag hatte ich Stuhl und Tisch wieder nach draußen gestellt. Die Kinderschar war aufgetaucht und hatte sich eine Weile mir gegenüber postiert. Ich hatte den Kindern von meinem Obst angeboten, doch sie hatten sich nicht zu mir getraut. Fast unbeweglich hatten sie mich angestarrt und einander etwas ins Ohr geflüstert. Dann waren sie verschwunden.

Später waren zwei Männer auf Pferden vorbeigekommen. Sie hatten ruhig gegrüßt, als gehörte ich seit Jahren zum Dorf. Die Hunde waren die Straße entlanggelaufen und hatten an meinen Schuhen geschnuppert. Dann war eine ältere Frau vorbeigekommen mit einem Kaffee, sie hatte mich nach weiteren Wünschen gefragt, doch ich hatte ihr zu verstehen gegeben, daß mir nichts fehle.

Weiter unterhalb, talwärts, hatte eine junge Frau ein kleines Kind in eine Hängematte gelegt. Sie war neben dem Kind sitzen geblieben und hatte manchmal zu mir hinaufgeschaut.

Später hatte ich das Klappern von Geschirr gehört. Die Hunde waren in großen Sprüngen zu den Wohnbaracken gehastet.

Ich hatte begonnen zu schreiben, ich hatte mit meinen Notizen begonnen.

»Ich habe die Arme meines Vaters, ich habe die schmalen, dünnen Arme meines Vaters. Ich habe die Hände und die

Finger meines Vaters, ich habe die großen Hände und die langen, feingliedrigen Finger meines Vaters. Ich habe die Stirn meines Vaters, ich habe die breite, slavische Stirn meines Vaters. Ich habe die Knie meines Vaters, ich habe die spitzen Knie meines Vaters. Ich habe die Füße meines Vaters, ich habe die flachen, breiten Füße meines Vaters.«

»Ich habe das Lachen meines Vaters, ich lache genau wie mein Vater, schallend-laut, tüchtig, als schüttelte mich das Lachen durch. Ich habe das Niesen meines Vaters, ich niese genau wie mein Vater, zwei-, dreimal, sehr kräftig, dann ist es vorbei.«

*»Ich gehe wie mein Vater, ganz rasch, mit großen, weitausholenden Schritten. Ich laufe wie mein Vater, unbeholfen und schwankend, ein komisches Bild. Ich trinke wie mein Vater, mit geschlossenen Augen. Ich schlafe wie mein Vater, auf der rechten Seite liegend, sehr tief. Ich esse wie mein Vater, langsam, genießerisch. Ich stehe oft wie mein Vater stumm und unbeweglich herum, dann schaue ich wie mein Vater in die Ferne, und wie meinem Vater so will auch mir dabei nichts deutlich werden.«**

Die Zeremonie beginnt in der absoluten Stille. Nichts bewegt sich, alles wartet, erstarrt, erkaltet. Die Zeremonie setzt sich fort in einem Murmeln,

---

* Hanns-Josef Ortheil: Abschied von den Kriegsteilnehmern. Roman. München und Zürich 1992, S. 292–294

es ist das Murmeln der Beschwörung, die Litanei der Anrufung, die zugleich die Sprache der Verwandlung ist, der Verwandlung des Leibes des Schreibers in den Leib des Toten. Der Schreiber unterwirft seinen Leib dieser Verwandlung, die fremden Kräfte besetzen ihn. Die Anrufung setzt das Bild des Toten zusammen, die Worte tasten ihn ab, das Schreiben wird deckungsgleich mit seiner ältesten, ursprünglichen Aufgabe: dem Abtasten der Toten, der Berührung der Idole.

Die Litanei ist ein seltsamer Blues, starr, monoton, trocken, aber dieser Blues hat einen Rhythmus, den Wechsel zwischen den Namen des Allgemeinen und den Namen der Fetische. Hände und Finger – große Hände und lange, feingliedrige Finger. Stirn und Knie – breite, slavische Stirn und spitze Knie. Der Blues schält die individualisierenden Bezeichnungen aus der dumpfen Palette der allgemeinen Namen heraus. Der Blues imaginiert. Imaginieren ist die Wendung, die Rundung, der Abdruck, den die Finger dem Ton geben, der weich darüber wird, knetbare Masse, Urphänomen. Der Blues ist die Musik des Imaginationstraums, des Traums von den Leibern und Idolen, die der Belebung bedürfen.

Der Roman *Abschied von den Kriegsteilnehmern* ähnelt altägyptischen Totenbüchern. Seine Szenen und Kapitel sind wie Hieroglyphen, die die Ägypter an die Wände der Totenkammern malten, um den Toten eine Sprache zu geben für die Reise aus dem Jenseits. Die Hieroglyphen bezeichnen Dinge und Taten des Lebens, sie gelten als die Wegzehrung der Toten, der Tote benutzt sie, indem er sie verspeist.

In einer zentralen Traumpassage ist dieser Eintritt in das ägyptische Totenreich beschrieben. Dort heißt es:

In dieser Nacht träumte ich das erste Mal seit der Beerdigung von meinem Vater. Ich betrat einen dunklen, weiten Raum, es war ein leerer Raum, und in der Mitte saß auf einem schweren quadratischen Steinblock mein Vater. Mein Vater saß dort stumm und ohne das Gesicht zu verziehen, regungslos saß Vater auf dem schmucklosen Block. Er schaute geradeaus, irgendwohin in die Ferne, sein Gesicht wirkte entspannt, aber ohne besonderen Ausdruck, die Hände hatte er auf die Knie gelegt, und ich bemerkte die langen, feingliedrigen Finger, die Finger meines Vaters und meines Großvaters...

Am Oberschenkel des rechten Beines aber war eine alte Wunde zu erkennen, irgendein Geschoß hatte dort das Fleisch heruntergerissen und war tief eingedrungen in die Hüfte. Auch die Waden waren voll von solchen Wunden, doch sie waren kleiner, ein winziger Teppich von Splitternarben.

So saß mein Vater, beinahe nackt, nur mit einem dünnen Tuch um die Hüften, das zu den Seiten hin offen war, auf dem quadratischen Block, stumm und regungslos wie eine ägyptische Statue, das Abbild eines mir fernen

Menschen, der auf die Zaubersprüche wartete, die ihn beleben sollten.

Ich aber saß viele Schritte entfernt von meinem Vater, das war der vorgeschriebene Abstand, ich saß auf einem flachen, rechteckigen Stein, mit untergeschlagenen Beinen, regungslos wie mein Vater. Ich spürte die Versuchung, ihn anzusprechen, aber es gehörte sich nicht, in diesem Raum ein Gespräch anzuknüpfen, außerdem erschien mir mein Vater ganz in sich versunken, als kümmerte ihn nicht im geringsten, daß ich in seiner Nähe war.

Ich hatte ein dickes Buch auf den Knien, es war ein schwerer, kompakter Foliant, ein Buch mit Tausenden von Seiten, die eng beschrieben waren und aus denen ich vorzulesen hatte. Und ich begann, meinem Vater vorzulesen, ich las in den dunklen Raum hinein, und meine Worte waren kaum hörbar, nur ich selbst schien diese Worte zu hören, doch ich verstand sie nicht, es waren fremde Worte, Worte einer mir unbekannten Sprache, die ich dennoch ganz leicht zu beherrschen schien. Und so murmelte ich immer weiter, ein Wort nach dem andern, es war gleichgültig, womit ich begann, ich würde nie an ein Ende kommen, Worte gab es in Fülle, und ich sagte sie auf vor dem Abbild meines Vaters, der stillsaß und schwieg.

Nach einer Weile aber hob er die Hand, es war ein kurzes Zeichen, das meinen Lesefluß unterbrach, ich stand auf und entfernte mich von der flachen, eiskalten Platte, irgendwo in den hinteren Zonen des Raumes war ein Tisch aufgebaut, und der Tisch war voll mit Früchten

und Speisen, unzählige Teller waren mit den farbenreich-
sten Speisen bedeckt, und ich hatte nichts anderes zu tun,
als die Teller vor meinen Vater zu tragen. Ich wählte denn
auch einige Teller aus, und ich trug sie vor meinen Vater
und stellte sie rings um den quadratischen Block und
verneigte mich, als gehörte all das zu der Zeremonie.*

Der große Appetit – das ist der Appetit der fernen
Idole, der Toten und Traumbilder. Der Schreiber
erstarrt vor ihnen, er nimmt den kalten Platz des
Beschwörers ein, der die Litaneien deklamiert. Er
deklamiert sie aus einem ungeheuren Buch, dem
unendlichen Buch der Schrift, aber die Worte dieser
Schrift erscheinen ihm fremd, wie nie gebraucht,
Worte nicht für ihn, den Schreiber, Worte nicht
seiner Sphäre, sondern fremde, verwandelte, Worte
des Totenreichs. Die Worte werden willkürlich hin-
gesagt, es kann lange dauern, bis sie etwas bewir-
ken, bis sie sich verdichten zu einem Totengebräu,
einer Wortspeise, die in den Toten eindringt, ihm
eine Regung zu entlocken.

Diese Regung ist kurz, sie bestätigt die Zeremonie, und es gehört zu den weiteren Aufgaben des
Schreibers, die bunte Palette des Lebens vor den
Toten zu rücken, ihm die Lebendigkeit der Farben
wie Speisen schmackhaft zu machen, ihn zu um-

---

* Hanns-Josef Ortheil: Abschied von den Kriegsteilnehmern.
Roman. München und Zürich 1992, S. 203–205

spinnen und auszuhöhlen aus der Sphäre des Dunkels.

So füttert der Schreiber seine Gestalten. Er bricht sie heraus aus der ewigen Gleichheit der Abgeschiedenheit, er materialisiert sie, er behängt und beweihräuchert sie, er führt einen Tanz auf vor seinen Gestalten, die Könige sind, Könige des anderen Reichs.

Auch diese Deutung meines Schreibens knüpft in auffälliger Weise an Szenen meiner Kindheit an. So erinnere ich mich deutlich, daß ich als Kind die Zettel, auf denen ich meine Texte notiert hatte, oft nachts auf eine Fensterbank legte, damit mein Bruder sie hole.

Von dem Gedanken, daß mein Bruder mein Schreiben überwachte und sich gerade an meinen Texten erfreute, war ich nicht abzubringen. Vielleicht stand dahinter die kindliche Vorstellung von einem Engel, der sich um mich sorgte und an meinem Schreiben wie an einem Wachstumsvorgang Anteil nahm.

Die Vorstellung von den Kimmerischen Ländern, in denen sich das Schreiben vollzieht, hat jedenfalls ihren Ursprung in der Vorstellung von einer besonderen Verbundenheit des Schreibens mit einem Gegenüber, der mein Schreiben aus großer Ferne überwacht und für mich dennoch unsichtbar ist.

Sicher haben aber auch meine kindlichen »Abwesenheiten« mit derartigen Phantasmen zu tun. Denn in diesen »Abwesenheiten« lebte ich ja in Innenwelten, die so geschlossen, kalt und erstarrt waren, daß alle darin auftretenden Figuren und Schauplätze etwas von Totensälen hatten. Ich träumte nicht, denn im Traum erlebt man bewegte und impulsiv bezeichnete Bilder; ich schaute vielmehr nur auf die statuenhaften und unbeweglichen Figuren, die ebenso leblos waren wie ich selbst und nach nichts mehr zu verlangen schienen als dem erlösenden Wort, das sie hätte verlebendigen können.

Wie erwacht man aus solchen Zuständen? Am Ende, nachdem die Zeremonie ins Rasen geraten ist – die Leiber springen, hüpfen, die Musik ist angeschwollen, die Worte quellen –, am Ende muß der Schreibende hinausfinden aus dem unterirdischen Bezirk. Er muß sich trennen, sich lossagen, er muß die Schatten abschütteln und den Weg sichern, er muß ablegen, die Gefährten versammeln:

... und mich ergriff die blasse Furcht, es möchte mir die erlauchte Persephoneia das Haupt der Gorgo, der schrecklichen, der ungeheueren, aus dem Hades schicken. Da ging ich alsbald zum Schiff und befahl den Gefährten, daß sie selbst hinaufsteigen und die Hecktaue lösen sollten. Und sie stiegen schnell hinein und setzten

sich auf die Ruderbänke. Und das Schiff trug die Woge mit der Strömung den Okeanosstrom hinab, zuerst mit Ruderarbeit, dann war schöner Fahrwind.*

Schöner Fahrwind? – Die Wendung bezeichnet die Euphorie des Überlebenden. Der Überlebende denkt die Toten hinter sich, die fernen Gestalten scheinen zu verschwinden und in sich zusammenzubrechen. Jeder, der mit all seinen Vermögen, ohne sich beirren und ablenken zu lassen, geschrieben hat, kennt dieses außerordentliche euphorische Empfinden. Es hat etwas Überwältigendes, es ist eine Art Glücksgefühl, wobei der intensive Glücksgeschmack daher rührt, daß man sich aufs neue dem Dasein verbunden glaubt. Glück ist eine alle anderen Gefühle, Bedenken und Widerstände ausschließende Daseinslust; in dieser ganz kreatürlichen und leiblichen Lust empfindet man sich als vollkommen gegenwärtig.

Aber der bedrohliche Hauch der Gorgo mischt sich in den Wind, macht ihn stumpf und dämpft mit der Zeit den belebenden Atem.

Der Schreiber ist höchstens entkommen, das Leben aber hat etwas Trügerisches erhalten. An den Nächsten, die mir begegnen, bemerke ich Züge von Erstarrung, und Momente von Abwesenheit

---

* Homer: Die Odyssee. Deutsch von Wolfgang Schadewaldt. Rowohlts Klassiker. Band 29/30, o.O., S. 154

lauern stärker in mir als je zuvor. Die Reise zu den Grenzen hat mich umgedreht, als durchwanderte ich am hellichten Tag weiter dunkle Hemisphären und als lauerten überall die Lockungen der Schrift.

So kann die Schrift zu einer Art Gift werden. Sie drängt sich überall auf, sie will alles Gesehene und Erlebte in Besitz nehmen, sie sickert ein in die Risse und Brüche der Dinge und spaltet sie in einem langen, osmotischen Prozeß von innen her.

In einer der vielen modernen Versionen der *Odyssee*, in Arthur Rimbauds *Une Saison en Enfer*, ist der Schrecken, der den Überlebenden irgendwann überfällt, fixiert:

Zu jedem Wesen, schien mir, gehörten mehrere andere Leben. Dieser Herr da weiß nicht, was er tut: er ist ein Engel. Diese Familie da ist eine Hundebrut. Angesichts mehrerer Männer plauderte ich laut mit einem Augenblick aus einem ihrer anderen Leben. – Also hab ich Schwein gehabt.

Keiner der Sophismen des Wahnsinns – des Wahnsinns, den man einsperrt – wurde von mir ausgelassen: ich könnte sie alle hersagen, das System ist mir vertraut.*

---

* Arthur Rimbaud: Une Saison en Enfer. Eine Zeit in der Hölle. Übertragen und herausgegeben von Werner Dürrson. Stuttgart 1970, S. 61/63

5

Seit meine ersten Texte veröffentlicht worden waren, beobachtete ich mich in der Rolle des Schriftstellers. Das »Schriftsteller-Sein« war Gegenstand unendlich vieler Phantasien, die alle Einzelheiten dieses für mich schwer zu fixierenden Berufes umkreisten. So wie andere Jungen meines Alters sich in Spekulationen über das Leben von Piloten, Abenteurern und Weltumseglern verloren, verlor ich mich in endlose Bildgeschichten über das Dasein eines Schriftstellers, dessen Gestalt für mich eine schwer durchschaubare Kreuzung aus vielerlei Attributen war.

Der Schriftsteller war etwas Geheimnisvolles, eine Mischung aus Abenteurer, Reporter und Held, jemand, dem unaufhörlich Geschichten einfielen und der ein draufgängerisches und abwechslungsreiches Leben führte, um möglichst seltene und außergewöhnliche Geschichten in Erfahrung zu bringen.

Der eigentliche Platz des Schriftstellers war zwar sein Schreibtisch, aber von Zeit zu Zeit, dachte ich mir, mußte der Schriftsteller diesen Schreibtisch verlassen, um die Welt zu durchstreifen. In den frühesten Phantasien verband sich diese Idee mit der schillernden, nie ganz zu klärenden Biographie des Karl May, dessen Romane ich als direkte Wiedergabe eines großen Abenteurerlebens verstand. Ich dachte zwar – selbst nicht in meinen Träumen – daran, mich irgendwann auf ein solches Abenteuerleben einzulassen, aber ich konnte doch den Gedanken, daß der Schriftsteller gleichsam in vielen Rollen und Berufen leben und die Welt aus ganz unterschiedlichen Perspektiven kennenlernen müsse, nicht loswerden.

In meinen Phantasien war der Schriftsteller daher eine Art Verwandlungskünstler, einer, dem man nie auf die Spur kam, einer, der mehrere, ganz verschiedene Metiers beherrschte und unablässig in Geschichten dachte, Geschichten, die er am eigenen Leib erfahren oder zumindest von interessanten und vom Leben gezeichneten Personen erzählt bekommen hatte.

Mit den Jahren hatte die Lektüre der klassischen Kinderbücher mich zu langweilen begonnen. Ich spürte genau, daß diese Bücher nicht mehr das Richtige für mich waren. Es waren märchenhafte Geschichten, Geschichten, die ganz aus der Phantasie eines Erzählers entsprungen waren, sie hatten nichts mit dem zu tun, was ich unter einem spannenden und abwechslungsreichen Leben verstand. Ich merkte mir selbst die Namen dieser Erzähler nicht mehr, in meiner Vorstellung schrieben sie alle an ein und demselben Buch, es war ein Buch für naive und leicht zu betörende Kinder, die mit einfachen und sich meist wiederholenden Geschichten zufriedenzustellen waren.

Ich jedoch begann mehr und mehr, mich für bestimmte »richtige« Schriftsteller zu interessieren. Allmählich prägten sich mir die ersten Namen ein, Namen, von denen etwas Glänzendes und Beunruhigendes ausging, Namen, die auf ein dichtes und intensives Leben verwiesen. Die meisten Bücher, die von solchen Schriftstellern geschrieben wurden, waren für mich zwar noch kaum verständliche und unzugängliche Brocken; ich las sie an und mußte sie, bald resignierend, beiseite legen.

Doch mein Hauptinteresse galt in Wahrheit gar nicht den Büchern, die sie schrieben; mein Blick wurde vor allem von ihren Biographien angelockt. Ich suchte nach Biographien, die Leidenschaft und Mut bewiesen, ich wollte wissen, wie die Schriftsteller lebten, wo sie sich herumtrieben, wie sie ihr Schreiben planten, ja, ich war geradezu erpicht darauf, mir den Tageslauf eines solchen Schriftstellers auszumalen, und so stürzte ich mich auf die unterschiedlichsten, mir meist zufällig in die Hände geratenden Quellen.

Die Biographien und Selbstaussagen der Schriftsteller, die ich zu Rate zog, mußten jedoch eine Bedingung erfüllen: sie mußten bebildert, voller Fotografien, sein. Erst der Blick auf die Fotografien bestätigte mir das, was über das Leben dieser Helden zu lesen war, vor allem durch die Fotografien war etwas von der Aura, der Umgebung, der Atmosphäre zu erhaschen, die den Schriftsteller ausmachte.

So entstand eine Galerie der Figuren des Schreibens. All diese Figuren, die etwas von klassischen Typen hatten, waren miteinander nicht verwandt, wie auch ihr Schreiben sich in keinem noch so entfernten Punkt berührte.

Meine Suche hatte etwas vom teenagerhaften Blick auf Idole und Stars. Ich beschäftigte mich kaum mit den Texten, ich musterte die Schriftstellerkörper, ich wollte herausbekommen, womit sie sich füllten, wie sie sich bewegten und trainierten, ich war berauscht von den kleinen und meist klatschhaften Auskünften darüber, wie diese Körper sich organisierten. Der langsame Übergang zur Pubertät – zur Phase der anhaltenden Träumereien und schwelgerischen Phantasien – sog immer mehr von diesem diffusen biographischen Stoff an.

Ich begann, mich von den Schreibübungen meiner Kindheit, die meist etwas Unterhaltendes, Spontanes gehabt hatten, zu lösen. Das Schreiben bekam etwas von bitterem Ernst, ich wurde unzufrieden, oft stockte die Arbeit, die Stoffe, die ich bearbeitete, erschienen mir plötzlich naiv, die Texte unbeholfen, ich zögerte, sie den Heften anzuvertrauen, Schreiben wurde eine heimlichtuerische

Sache, als hätte ich etwas zu verbergen oder als schriebe ich von Dingen und Sachverhalten, die besonderer Geheimhaltung bedürften.

Unzufrieden war ich aber auch, weil mich die Absage der Wuppertaler Zeitung enttäuscht hatte. Ich grübelte darüber nach, wie ich es anstellen könnte, diese Texte zu verwandeln. Zumindest einen Teil des Geschriebenen wollte ich in anderer Form und Gestalt wiedersehen, es genügte mir nicht mehr, daß er in meinen Heften, diesen Gräbern des Handschriftlichen, untergebracht war. Plötzlich erschienen mir diese schwarzen Hefte wie kleine Monster, die ihren Mund aufrissen, meine Arbeiten zu verschlingen. Ja, die Hefte saugten die Texte auf, sie wurden ausgelöscht, sie verschwanden, ich mochte sie nicht einmal mehr wiederlesen, so abgetan und unvollständig kamen sie mir vor.

Die Jahre drohten zu vergehen, und unter dem Deckel meines Schreibpults wuchs der Stoß meiner Hefte wie ein lästiger und überflüssiger Dreck, der in den Keller gehörte. »Abfall«, dachte ich manchmal, »bloßes Papier, vollgemaltes Papier!«

Der Ekel war nicht mehr zu unterdrücken. Es war ein Ekel, der sich an den blassen und zufällig erscheinenden Schriftzügen der Handschrift entzündete. Ich mochte diese Handschrift nicht mehr, sie verwies mich lediglich auf mich selbst, jeder

Schriftzug bildete nur einen Zustand meiner Un-
beholfenheit und meines Versagens ab.

In Momenten der Apathie versuchte ich, die
Handschrift zu verändern. Ich verbog die Buchstaben, sie neigten sich nach links, als würden sie
von einem Sturm geschüttelt, ich schrieb in
Druckbuchstaben und in Versalien, um die Buchstaben einander anzugleichen, ich nahm schwarze
statt blauer Tinte, doch immer häufiger waren die
Wutausbrüche, die heftigen und impulsiven Zer-
störungsaktionen. Ich griff zum Tintenfaß und ließ
die Flüssigkeit langsam über die Seiten laufen, ich
wischte mit dem Handrücken wie aus Versehen
über den frisch geschriebenen Text, ich riß Seiten
heraus und tauchte sie in Wasser, damit die Buchstaben verschwammen.

Wenn die Wut unerträglich wurde, verbrannte
ich, was ich geschrieben hatte. Das Verbrennen
bereitete den intensivsten Genuß der Zerstörung,
ich knüllte das beschriebene Papier zusammen, ich
stampfte mit den Schuhen auf den Papierkugeln
herum, und ich öffnete die Ofentür mit einem
Gefühl der Rache, so als fügte ich dem Papier,
indem ich es in die flackernde Glut schob, einen
Schmerz zu.

»Wie wäre es«, dachte ich in solchen Momenten, »wie wäre es, gleich alles zu verbrennen? All
die Hefte – fort mit ihnen! Ich will euch nicht mehr
sehen!«

Schließlich weigerte ich mich auch, aus meinen Texten vorzulesen. Seit ich mit dem Schreiben begonnen hatte, hatte ich meinen Eltern daraus vorgelesen, die Lesungen hatten einen besonderen Reiz auf mich ausgeübt, es waren Minuten besonderer Intimität gewesen, in denen die Familie ruhig zusammensaß und in denen sich meine Mutter und mein Vater daran delektierten, was ich erfunden oder beschrieben hatte.

Meine Mutter war auf die Idee gekommen, diese Lesungen durchzuführen, in den Tagen, als es ihr noch sehr schlecht gegangen war, hatte sie daran eine besondere Freude gehabt. Still, ohne sich zu rühren, hatte sie mir gegenüber gesessen, sie hatte meine Worte in sich aufgenommen wie Medizin, und sie hatte bestimmte Wendungen meiner Texte immer wieder wiederholt, als müßte sie sich gerade diese Wendungen aneignen, als seien sie besonders gelungen oder rar.

Solche Wiederholungen hatten anfänglich etwas Hilfloses und Gehemmtes gehabt, sie hatte die Worte nur wie Zitate hervorgebracht, verändert, halbiert oder verstümmelt waren diese Worte in ihrem Mund erschienen, und doch hatte sie sich an diese Worte zu gewöhnen versucht, als seien es die einzig möglichen, die übriggebliebenen oder die neu auftauchenden Worte.

Legte man ihr Zeitungen oder Bücher hin, so begann sie zwar, wie sie es immer getan hatte, mit der Lektüre, bat man sie jedoch, aus diesen Lektüren vorzulesen, so gelang ihr das nie. Sie setzte an, unterbrach sich, fuhr mit den Fingern über das Geschriebene, als müßte sie es fortwischen oder herauskratzen aus dem Papier.

Die Sprachlehrerin, die sich mit ihr beschäftigte, hatte sich diesen Widerstand nie erklären können. Sie hatte meine Mutter zunächst wieder an das Schreiben gewöhnt, und meine Mutter hatte diesen Unterricht weitergegeben an mich. Sie hatte – mit dem Blick auf mein kindliches Schreiben – selbst wieder zu schreiben gelernt, und so fanden wir es mit der Zeit nichts Besonderes mehr, daß sie bestimmte Nachrichten, die ihr noch nicht über die Lippen kamen, auf kleinen Zetteln notierte.

»Will / nicht / gelingen«, war die häufigste, immer wiederkehrende, auf drei Zeilen verteilte Auskunft, mit der sie die gedruckten Lektüren von sich wegschob. Sie wollte diese Texte nicht vorlesen, weil sie ihr fremd blieben, Mund, Zunge und Lippen fanden nicht hinein in den Klang, sie räusperte sich, als wollte sie gleich anfangen, dann jedoch quollen die tiefen, abwehrenden Laute aus ihr heraus, Laute, die nach Verwünschungen klangen und jeden erschreckten, der sie zu hören bekam.

Mit meinen Texten jedoch war das anders. Alles, was ich geschrieben hatte, hatte ihr ausnahmslos gefallen, jedes vorgelesene Wort erregte ihre Anteilnahme so sehr, als hätte ich es nicht nur für mich, sondern auch gleichsam in ihrem Namen ausgesprochen. An meinen Texten hatte sie sich geübt, sie hatte sie sich in ihren hilflosen Stunden vorgenommen, und man hatte sie eingesetzt wie eine Droge, wenn sie wieder für Tage verstummt war, als seien alle Anstrengungen vergeblich gewesen.

Jede stärkere Aufregung, jede Stimmungsschwankung, jede manchmal noch so geringe Veränderung hatten dieses erneute Verstummen hervorgerufen, doch nach Tagen und manchmal Wochen hatte sie sich wieder mit den ersten Worten gemeldet, es waren Sätze und Bruchstücke meiner Texte gewesen, anfangs unaufhörlich repetiert, daß man sie nicht mehr hören konnte, dann in einem merkwürdigen, sie verdrehenden Singsang vorgetragen, als seien es Liedtexte, in die gleich ein Chor einstimmen würde.

Wir hatten uns daran gewöhnt, daß sie mit mehreren Stimmen sprach. Es gab die hohe, sich aufbäumende, die Stimme der Hysterie und des Stammelns, es gab die weiche und kindliche, eine Plapperstimme, die die Worte schnell, in größtem Tempo, aber fast unverständlich zusammenleimte, es gab die monotone Erzählstimme, mit der sie von sich selbst erzählte, als sei das Erzählte die Geschichte eines ganz anderen Menschen.

Glaubhaft und sicher aber klang ihre Stimme, wenn sie meine Texte wiederholte. Wer ihr zuhörte, hätte denken können, sie habe mir diese Texte vorgedacht. In den Lesungen wurde ich zu ihrem Instrument, sie nahm mir meine Texte ab, und sie spielte mit ihnen, als sei ich selbst ein Resonanzkörper, der nur verstärkte, was sie hatte sagen wollen.

Mein Vater hatte zu diesen Lesungen ein ironisches Verhältnis gehabt. Lächelnd, oft grinsend hatte er dabeigesessen, meine Texte hatten ihn amüsiert wie Kuriosa, und nie hatte er sich darauf einlassen können, einfach nur zuzuhören, ohne das Vorgetragene mit ein paar distanzierenden Bemerkungen zu kommentieren. Nahm meine Mutter die Texte ernst, so schob mein Vater sie von sich weg, als hätte ich sie gar nicht erfunden, sondern nur irgendwo aufgepickt. »Wo er das herhat?« war die stehende Wendung, mit der er meine Lesungen begleitete, es war ein Ausruf, der seine Skepsis festhielt, insgeheim konnte er sich nicht vorstellen, wie all diese Worte im Schädel seines Kindes entstanden waren.

Und so reagierte er erst, als ich mich weigerte, mit diesen Lesungen fortzufahren. »Warum denn nicht?« fragte mein Vater, dem daran gelegen sein mußte, daß es meiner Mutter gutging, »was ist denn plötzlich los?« – »Nichts«, antwortete ich, »ich will nicht mehr, ich hab keine Lust mehr!« – »Das gibt es nicht«, entgegnete mein Vater, »das kannst du deiner Mutter nicht antun! Du weißt genau, wie sie sich freut!«

Ja, ich wußte, wie sie sich freute, ich hatte es unzählige Male beobachtet, und doch konnte ich mich nicht mehr überwinden, das alte, längst zur Gewohnheit gewordene Spiel fortzusetzen. Meine Texte taugten nichts mehr, sie erschienen mir ausgelaugt und verdorben, ich war an eine deutliche Grenze gestoßen, in mir war etwas zusammengebrochen, selbst die aufmunterndsten Worte halfen nicht weiter.

»Was hat er denn?« fragte der Besuch, wenn man mich irgendwo herumnesteln sah. – »Wir wissen es nicht«, antwortete mein Vater, »er ist in einer Krise.«

Die *Krise* – das hörte sich an, als hätte ich Gift geschluckt oder als gehörte ich nicht mehr zur menschlichen Gemeinschaft. Richtig, ja, ich war ausgetreten, ich hatte mich, langsam und schleppend, davongemacht, sollten sie doch *ohne mich* auskommen, sollten sie sich andere Opfer suchen, die sie unterhielten! Mit einem Mal war das labile Gebäude der Familie aus dem Gleichgewicht geraten, ich tat, als gehörte ich nicht mehr dazu, ich beschäftigte mich mit Dingen, die ich zuvor nie angerührt hatte, es war gleichgültig, womit ich mir die Zeit vertrieb, nur die Bücher, die wollte ich nicht mehr sehen. Ich war lustlos geworden, zurückgekehrt in meine alte Abwesenheit.

Dieser Zustand veränderte sich erst, als mein Vater seine ironische Haltung ablegte und ernsthaft begann, nach den Ursachen zu forschen. War es der Wachstumsschub? War es das Gymnasium, das ich seit einiger Zeit mit wachsendem Widerwillen besuchte?

Wir machten uns, wie wir es gewohnt waren, auf den Weg. Mehrere Tage durchstreiften wir das Bergische Land, aber nein, alles half nichts, ich war nicht zu bewegen, den üblichen Reisebericht abzuliefern. Mein Vater versuchte mich zu animieren, neue Stifte wurden gekauft, ein dunkelgrüner, am Tisch festschraubbarer Bleistiftspitzer sollte mich umstimmen, doch ich ließ mich selbst auf solche besonderen Angebote nicht ein.

»Ich weiß nicht, was dir fehlt«, sagte meine Vater endlich, und ich spürte, wie ich ihn enttäuschte. »Hast du Schmerzen? Tut dir irgendwas weh? Ist etwas mit den Augen oder den Fingern? Warum schreibst du nicht mehr?«

»Ich kann meine Handschrift nicht mehr ausstehn«, antwortete ich.

»Aber warum denn nicht?« fragte mein Vater, »was ist mit deiner Handschrift?«

»Ich will«, sagte ich, »daß die Buchstaben gedruckt sind, ich will Druckbuchstaben, keine Handbuchstaben!«

»Das ist es also«, sagte mein Vater, »dann besorgen wir dir eine Schreibmaschine! Was hältst du davon?«

»Ich weiß nicht, wie man damit umgeht«, antwortete ich.

»Das lernst du schnell«, sagte mein Vater, »das ist für dich doch ein Kinderspiel!«

»Gut«, sagte ich, »ich probier es. Aber ich will eine kleine Maschine, nicht eine von den großen, am besten wäre eine Reiseschreibmaschine.«

»Die sollst du bekommen«, sagte mein Vater erleichtert.

Die Schreibmaschine war der Anfang einer neuen Ära. Wochenlang war ich von dem kleinen, schwarzen Modell nicht wegzubekommen; ich begann, meine alten Texte abzuschreiben, und ich war begeistert von den klappernden Typen, die wie flinke Laufburschen hervorsprangen, um ihren Dienst zu tun. Schwarze Buchstaben und rote – das schmale, bald schon zerfledderte Farbband erschien mir wie ein winziges Banner, das auf dem weißen Papier in schwindelerregender Eile laufend neue Zeichen flaggte. Das gleichmäßige Rattern des Tippgeräuschs – war es nicht wie ein Morsen, ein Funken der Botschaften hinaus in die Welt?

Vor allem aber war ich von den unveränderlichen, in ewig gleicher Reinlichkeit erscheinenden Buchstaben angetan. Sie hatten mit denen der Handschrift nichts mehr gemein. Von nun an existierte sie nur noch auf meiner Vorlage, der abgeschriebene Text aber ähnelte dem gedruckten, er war eine saubere, dichte Versammlung von Zeichen, die wie von Zauberhand immer dieselben Wege nahmen. Die Buchstaben hatten ein einheitliches Gewand bekommen, sie waren zu Vorboten des Drucks geworden.

Denn mein Vater hatte noch mit einer weiteren guten Idee aufgewartet. Er hatte mir gezeigt, wie man die Texte auf Matrizen tippte; auf dem dünnen, weißen Matrizenpapier versackten die Anschläge, als träfen sie auf einen schweren, nachgiebigen Grund. Sie wurden zu bloß noch erahnbaren, matten Andeutungen, die sich jedoch auf den Kopien in violette, stabile Wesen verwandelten.

So konnte ich meine Arbeiten – wann immer ich wollte – vervielfältigen lassen. Vater nahm meine Aufträge entgegen, und Tage später hielt ich die gehefteten Kopien in Händen, die ich wie kostbare Geschenke verteilte.

Ich brauchte nicht mehr an die Zeitungen zu schreiben, ich verfügte nun über ein eigenes Herstellungssystem. Meine Texte wurden an Verwandte und Freunde verschickt, der Kreis, den ich mit ihnen unterhielt, wurde größer. Auf die Lesungen in der Familie konnte ich jetzt verzichten; ich schenkte alles, was ich schrieb, meiner Mutter, und sie las es gierig durch, immer wieder von vorn, als könnte sie mit jeder erneuten Lektüre ein Stück mehr gesunden.

Das neue Schreiben machte mich unabhängig, und es gaukelte mir vor, daß ich über die frühen, kindlichen Versuche hinausgewachsen war. Durch die Arbeit mit der Maschine fühlte ich mich verändert; das Schreiben war jetzt eine Anstrengung, die viele Überlegungen nach sich zog. Ich bemerkte bald, daß ich allein damit nicht zurecht kam. Was mir fehlte, war ein Lehrer, der mich anleitete, einer, der mir über die Schulter schaute und mir Aufgaben stellte. In der Schule tauchten solche Lehrer nicht auf, denn sie mußten, um meine Anerkennung zu finden, selber Schriftsteller sein. Schriftsteller aber wurden nicht Schullehrer, Schriftsteller bereisten die Welt.

Auch die bebilderten Schriftstellerbiographien, die ich zu dieser Zeit wie exotische Narkotika verschlang, halfen mir bei dieser Suche nicht weiter. Denn die Schriftsteller, denen ich dort begegnete, lebten in einer ganz anderen Welt und hatten gewiß keinen Blick für einen Jungen, der es sich in den Kopf gesetzt hatte, das Handwerk des Schreibens zu lernen.

Erst durch einen Zufall machte ich jene Bekanntschaft, die mich dann Jahre beschäftigte und alle Phantasien, die ich von Schriftstellern hatte, ganz auf sich konzentrierte. Ich hatte mir, da mich die umfangreichen Romane meist überforderten, ein Buch mit kurzen Geschichten gewünscht. Die Geschichten, hatte ich entschieden, sollten in fremden Ländern spielen und einfach zu verstehen sein, außerdem sollten Kinder darin vorkommen, doch sollten es andererseits keine Kindergeschichten, sondern Erzählungen für Erwachsene sein.

Mit diesen präzisen Angaben machte mein Vater sich auf den Weg in eine Buchhandlung. Das schmale Taschenbuch, das er mitbrachte, hatte den Titel *In unserer Zeit*. Es enthielt fünfzehn Geschichten, die im Untertitel als *stories* bezeichnet waren. Der Autor war, wie schon der grüne Umschlag, auf dem ein Indianerkopfschmuck mit großen Federn abgebildet war, verkündete, Nobelpreisträger. Er war in Oak Park/Illinois geboren, hieß Ernest Hemingway und hatte, wie der knappe Verlagstext behauptete, ein »bewegt-abenteuerliches Leben« geführt.

Die erste Geschichte des Bandes hieß *Indianerlager*. Sie begann so:

Am Seeufer war noch ein Ruderboot heraufgezogen. Die beiden Indianer standen wartend da.

Nick und sein Vater setzten sich hinten ins Boot; die Indianer stießen es ab, und einer stieg ein, um zu rudern.

Onkel George saß im Heck des Lagerruderbootes. Der junge Indianer stieß das Lagerboot ab und stieg ein, um Onkel George zu rudern.

Die beiden Boote brachen in der Dunkelheit auf. Nick hörte das Geräusch von den Ruderdollen des anderen Bootes ein ganzes Stück entfernt vor sich im Nebel. Die Indianer ruderten mit schnellen, abgehackten Schlägen. Nick legte sich zurück in den Arm seines Vaters. Auf dem Wasser war es kalt. Der Indianer, der sie ruderte, arbeitete angestrengt, aber das andere Boot entfernte sich immer weiter im Nebel.

»Wo fahren wir hin, Vati?« fragte Nick.

»'rüber ins Indianerlager. Eine Indianerin ist sehr krank.«

»So!« sagte Nick.*

Mit diesen Sätzen begann für mich eine Magie, die nachhaltiger war und tiefer reichte als die jedes anderen Schriftstellers. Nie mehr in meinem Leben habe ich so gelesen, wie ich die frühen Erzählungen Hemingways gelesen habe. Die langen Monate und Jahre der Hemingway-Lektüre, die sich immer mehr ausweitete und sich schließlich auf alles erstreckte, was über ihn zu erfahren war, ließen in mir den Glauben an das »Schriftsteller-Sein« wachsen. Hemingway packte mich, er riß mich heraus

---

* Ernest Hemingway: In unserer Zeit. 15 stories. Reinbek bei Hamburg 1958 (rororo 278), S. 6

aus den vagen Träumen und undeutlichen Schwärmereien, er machte die Sache für mich zu einem Metier. Ich war sein geduldiger, begieriger Schüler, und seine Texte beschäftigten mich so, als seien sie einzig für mich geschrieben, verdeckte Geheimbotschaften, die Hinweise und Regeln enthielten, wie sie ausreichen mochten für ein Leben.

Dabei bildeten die bekannten Stilisierungen als Jäger, Krieger und Held, die er mit einigem Fleiß von sich entworfen hatte, nur die Hintergrundfolie meines Interesses. Die Verzauberung traf mich tiefer, als solche Klischees es vermocht hätten. Sie setzte genau dort ein, wo die Erzählung *Indianerlager* begann: beim Aufbruch des jungen Nick Adams, der seinen Vater begleitet.

Kein anderes Motiv hätte eine ähnlich starke Wirkung entfalten können: von einem Moment zum anderen schlüpfte ich hinein in die Rolle des Jungen; so wie Nick seinen Vater in die Natur begleitete, so hatte auch ich meinen Vater jahrelang begleitet. Dieses Zusammenseins, dieser Wochen des besten gegenseitigen Verstehens wegen liebte ich meinen Vater.

Und doch fehlte dieser Liebe ein entscheidendes Moment, das sie erst hätte vollkommen machen können. Mein Vater verstand sich auf die Natur, er hatte mir die Natur so gut erklärt und nahegebracht, wie ich es mir immer gewünscht hatte. Und doch war er ein Mensch von der anderen

Hemisphäre der Welt, ein Mensch, der ohne meine Bücher und Schriften hätte auskommen können und das Schreiben als einen nützlichen, aber nicht notwendigen Zeitvertreib verstand.

Was mich an meinen Vater band, war seine Schlichtheit und Ehrlichkeit. Er heuchelte kein Interesse vor, wo keines bestand, er war so direkt und deutlich, wie ein Mensch nur sein konnte, ohne sein Gegenüber zu verletzen. Und doch kam es mir so vor, als fehlte ihm gleichsam ein zusätzlicher Sinn, der sechste Sinn der Schrift, der Sinn des doppelten Blicks, der die Dinge erst in ihr eigentliches Licht rückte.

Im Fall Hemingways war das anders. Er sprach wie mein Vater, ganz einfach, sehr direkt, unbegrifflich, ich verstand jedes Wort, und die meisten Worte bezogen sich auf die Dinge und die Atmosphären, die sich zwischen ihnen entwickelten. Diese Sprache erschien mir ehrlich, sie hatte nichts von aufgesetztem, dichterischem Prunk, sie ergab sich aus der Wahrnehmung und klang so elementar, als wäre sie die Sprache der Natur.

In der Figur des jungen Nick hatte Hemingway mir ein Angebot gemacht. Er behandelte sie nicht von oben herab, er nahm sie ganz ernst. Nicks Geschichte, wie sie die Erzählungen von *In unserer Zeit* dokumentierte, war die eines Heranwachsenden, der sich in der Natur auskannte und sich dort am wohlsten fühlte. Es waren diese Naturbeschreibungen, die mich anzogen, Beschreibungen, die von nichts anderem handelten als meinem eigenen Gehen und Laufen, das in den pubertären Jahren immer unruhiger und ausschweifender wurde:

... und ging den Weg entlang, der den Schienensträngen parallel lief, ließ die verbrannte Stadt hinter sich in der Hitze und bog dann ab um einen Hügel – zu beiden Seiten je einen hohen, brandnarbigen Hügel – auf einen Weg, der ins offene Land zurückführte. Er ging den Weg entlang, und das Zerren des schweren Packens tat ihm weh. Der Weg stieg ständig. Es war mühsam, bergan zu gehen. Seine Muskeln schmerzten, und der Tag war heiß, aber Nick fühlte sich glücklich. Er fühlte, er hatte alles hinter sich gelassen, das Denken-Müssen, das Schreiben-Müssen und noch manches andere Muß. Es lag alles hinter ihm.*

Im Blick auf Nick Adams verwandelte ich mich in einen Jungen, der einen kompletteren Vater hatte als ich. Hemingways Rolle bestand darin, diesen Vater zu spielen, es war der Vater als Schriftsteller, der Vater als der eigentliche und wichtigste Lehrer des Sohnes.

Meine Phantasie, die diese Zweiheit umkreiste, heftete sich dabei eng an eine Fotografie, die

---

* Ernest Hemingway: In unserer Zeit. 15 stories. Reinbek bei Hamburg 1958 (rororo 278), S. 117f.

Hemingway mit seinem Sohn Patrick zeigte. Beide saßen auf dem Boden, irgendwo in der weiten Landschaft; im Hintergrund waren deutlich hohe Berge zu erkennen, sonst aber beschränkte sich das Bild ganz auf die Zwiesprache von Vater und Sohn. Es gab keinen Dritten, kein noch so winziges, störendes Detail. Offensichtlich waren die beiden unterwegs; Hemingway trug schwere Schuhe, worauf das dicke Profil des rechten Schuhs hindeutete, der Sohn hatte seinen linken, nackten Fuß auf den Unterschenkel des Vaters gelegt.

Dieses Bild zeigte *die* Szene: Hemingways aufmerksamer Blick, das Lächeln des Sohnes – es war die Szene des Unterrichts, der auf den gemeinsamen Erlebnissen aufbaute, es war die Szene der Zusammengehörigkeit.

Die Tiefenschicht der Verbindung von Vater und Sohn, die auf eine Einweihung ins »Schriftsteller-Sein« hinzielte, war der eigentliche Untergrund meiner Hemingway-Lektüre. Mit den Jahren weitete sie sich aus und erstreckte sich mehr und mehr auf die handwerklichen Regeln der Arbeit und die Gesetze des Schriftstellerlebens.

Hemingway hatte als Reporter mit dem Schreiben begonnen. Als Anfänger hatte er für den *Kansas City Star* gearbeitet. Ein gewisser Wellington, Redakteur dieser Zeitung, hatte ihm die ersten Regeln des Handwerks beigebracht:

*Bilden Sie kurze Sätze. Machen Sie die Einleitungen
kurz. Verwenden Sie ein kraftvolles Englisch. Seien Sie
bejahend, nicht negativ. Vermeiden Sie den Gebrauch von
Adjektiven, vor allem von solchen, die so überspannt sind
wie* splendid, gorgeous, grand, magnificent...*

Diese Grundregeln hatte Hemingway immer mehr
verfeinert und entwickelt. Sie tauchten in seinen
Erzählungen hier und da auf, gut versteckt. Ich
kannte sie bald genau, es waren Regeln, die den
Sätzen einen unverwechselbaren, einfachen und
doch dichten Grundrhythmus verliehen. Durch
solche Rhythmen erhielt die Sprache eine Art Festigkeit, die einzelnen Worte erschienen ganz ge-
zielt plaziert, und die wenigen Abweichungen im
Grundmodell der Sätze ließen die Varianten um so
abwechslungsreicher hervortreten.

Aus dem Reporter Hemingway war mit der Zeit
der Schriftsteller Hemingway geworden. Die Jahre
dieses Umbruchs beschrieb ein Buch, das aus dem
Nachlaß erschien und mir wie kein anderes seit *In
unserer Zeit* das Bild dieses Autors vervollständigte.
Denn in den Erzählungen von *Paris – ein Fest fürs
Leben* waren die Umgebungen des Schriftsteller-
Werdens festgehalten. Es waren Szenen, in denen

---

* Zitiert nach: Georges-Albert Astre: Ernest Hemingway.
  Rowohlts Monographien 73, S. 21

neben dem kargen Dasein des jungen Autors vor allem Freunde und Bekannte beschrieben waren und in denen das Milieu, in dem ein Schriftsteller anscheinend aufwachsen mußte, die größte Rolle spielte.

Dieses besondere Milieu, ein Kunstmilieu, schien nur eine einzige Stadt auf der Welt herzugeben: Paris. Die Straßen und Plätze von Paris waren der atmosphärische Mittelpunkt der Geschichten, das Essen, die Lokale, das Wetter, die Spaziergänge – all das war unübersehbar mit dieser Stadt verbunden, als sei diese Stadt nur gebaut, um werdenden Künstlern eine Heimat für bestimmte Zeit zu bieten. *Wenn du das Glück hattest, als junger Mensch in Paris zu leben,* hatte Hemingway zu einem Freund gesagt, *dann trägst du die Stadt für den Rest deines Lebens in dir, wohin du auch gehen magst, denn Paris ist ein Fest fürs Leben.**

Es gab also Städte, die besonders geeignet waren, einen zum Schriftsteller werden zu lassen. Die Hauptstadt all dieser Städte aber war Paris, Paris war die große Schriftstellerwelt, in der man allein und doch unter Freunden war, Paris hatte herrliche Cafés, wo man Tag und Nacht arbeiten konnte, Paris war die Stadt der intensiven Impressionen, die

---

* Ernest Hemingway: Paris – ein Fest fürs Leben. Reinbek bei Hamburg 1965, S. 3

sich in Hemingways Sätzen in lauter Wortstilleben verwandelten:

Die ganze Traurigkeit der Stadt war plötzlich mit dem ersten, kalten Winterregen da, und beim Gehen sah man nicht mehr die Dächer der hohen, weißen Häuser, sondern nur die schwarze Nässe der Straße und die geschlossenen Türen der kleinen Läden der Kräuterverkäufer, der Papier- und Zeitungsläden, der Hebamme – zweite Klasse – und das Hotel, in dem Verlaine gestorben war, wo ich im obersten Stockwerk ein Zimmer hatte, in dem ich arbeitete. [*]

Das Zimmer im obersten Stock – und darunter das lebendige, malerische Fluidum von Paris: so erträumte ich mir die Umgebungen des Schreibens. Irgendwann, dachte ich, irgendwann würde auch ich nach Paris oder in eine andere Stadt finden, irgendwann würde ich Deutschland verlassen, mit einem kleinen Koffer, mit Handgepäck, und ich würde Quartier beziehen in einem winzigen Zimmer, um zu arbeiten.

Und ich würde, *verdammt noch mal*, morgens, wenn das schlechte Wetter käme, in den gedrängt vollen Cafés sitzen, duftenden, farblosen Alkohol trinken und den Portiersfrauen zuschauen, die die Hunde ausführten. Ja, ich würde Weißfisch essen,

---

[*] Ernest Hemingway: Paris – ein Fest fürs Leben. Reinbek bei Hamburg 1965, S. 11

den man in Paris *goujon* nannte, und mindestens
einen Liter Wein dazu trinken, einen prächtigen
Weißwein, eine Art von Muscadet, und ich würde
Maupassant-Novellen lesen, eine nach der andern.
Bei »Lipps« würde ich kaltes und wunderbares Bier
trinken, und dazu würde ich eine *cervelas* bestellen,
das war eine Wurst, wie eine große, dicke, in
Hälften geschnittene Frankfurter, die mit einer
vorzüglichen Senfsauce bedeckt war...

So ein Paris, dachte ich, ist das Glück. Die
richtigen Getränke und Speisen, die richtigen
Freunde, kaum Streit, lauter Hochachtung und
anfeuernde Worte – in Paris muß das Schreiben
gelingen.

Jahrzehnte später, als der Hemingway-Rausch
längst verebbt war, besuchte ich Hemingways
Wohnhaus in Key West, einer kleinen Ortschaft an
der Südspitze Floridas. Ich verbrachte einen Nachmittag in den kleinen, heute muffigen Räumen,
und ich setzte mich in den großen Garten, in dem
sich noch heute der Swimmingpool befindet, den
Hemingway, um sich nach dem Schreiben fit zu
halten, benutzte.

Ich wollte jedoch diese Umgebung allein für
mich haben. Ich phantasierte mir die anderen Besucher weg, ich phantasierte mir die Nacht herbei,
und ich ließ meinen Doppelgänger, den Erzähler,
nachts heimlich über die Mauer des Grundstücks

steigen. Ich wollte die lange Zwiesprache zu einem Ende bringen, in der Tiefe der Nacht saß ich, der gealterte Sohn, dem Schriftstellervater gegenüber:

Ich schlich langsam zu den Stühlen vor, ich tastete sie in der Dunkelheit ab, nein, Katzen hatten es sich hier nicht bequem gemacht. Ich legte mich vorsichtig in einen der Stühle, so vorsichtig, als könnte er im nächsten Augenblick zusammenbrechen, dann streckte ich mich aus. Es war sehr kühl hier in der Nacht, die stille Wasseroberfläche des Pools war zu erkennen, am Rand einige niedrige Palmen, weiter entfernt die tropischen Riesenstämme.

He, Hem, dachte ich, hier lauert ein später Besucher, he, Hem, Hem der Jäger, der Säufer, der Krieger, he Hem! Komm raus, Hem, leg Dich zu mir, wir unterhalten uns etwas, he Hem! Was ist, Hem? Schon schlafen gegangen? Komm raus, Hem, hörst Du mich, Hem, na los, Hem, na los!...

Ja, Hem, ich hatte Dich irgendwie gern, das ist vielleicht nicht der passende Ausdruck, mag sein, aber ich hatte Dich gern, weil ich mir genau vorstellen konnte, wie Du Dich an das Schreiben herangemacht hast, und weil ich in Dir immer einen Jungen sah, einen Jungen irgendwo aus dem Norden, einen Landjungen mit bescheidenem, aber sicherem Wissen, und dann hast Du versucht, aus dem Landjungen etwas anderes zu machen und aus dem wenigen, sicheren Wissen des Landjungen langsam etwas entstehen zu lassen. Ich habe den Landjungen in Dir gemocht, Hem, den neugierigen, herumstreifenden,

*ängstlichen Landjungen, der niemanden neben sich hatte
als seinen Vater und der das geringe Wissen von seinem
Vater hatte und sich später abmühte, aus diesem wenigen
Wissen mehr Wissen zu machen. Wissen mal Wissen,
eine richtige Handwerkerkunde des Wissens...* *

Diese Handwerkerkunde des Wissens – sie war der
beinahe alleinige Gegenstand meines Interesses in
den langen, nicht enden wollenden Schuljahren.
Fünf Jahre Gymnasium in Wuppertal, dreieinhalb
Jahre in Mainz – ich erlebte die Schulstunden wie
ein Abwesender, der sich höchstens für die Fächer
Deutsch, Musik und Geschichte gewinnen ließ.

Sonst aber erschien mir die Schulzeit wie eine
gestohlene Zeit, ein einziger unverschämter und
maßloser Zeitraub. Nie habe ich mich so gelangweilt wie in diesen Morgenstunden, in denen
ich das Pflichtprogramm der Themen und Stoffe
durchzuarbeiten hatte, um Jahr für Jahr zu bestehen. Ich tat es mit einem Aufwand, der so gering
wie möglich sein sollte; nichts von dem aber, was
mir vorgesetzt wurde, erreichte mich von innen
her, so wie ich es von den Themen meines Schreibens gewohnt war.

Das Schreiben hatte mich gegen alles bloß Fak-
tische, gegen das sture Lernen und Sammeln im-

---

* Hanns-Josef Ortheil: Abschied von den Kriegsteilnehmern.
  Roman. München und Zürich 1992, S. 343–345

munisiert. Ich wußte von vornherein, daß es mir nicht gelingen würde, die Fremdheit des Lernstoffs abzuschütteln; so prägte ich ihn mir notdürftig für einige Wochen ein, um ihn sofort und reuelos wieder zu vergessen. Ich hatte die Arbeit, die mich anging, längst gefunden, alles andere hielt mich nur auf.

Die Zeit, die ich dem Lernen abzwackte, war vor allem die Zeit der Lektüren. Mehr und mehr geriet ich in ein hemmungsloses und ausferndes Lesen, das sich verstärkte wie eine immer monströser werdende Gier. Nach den Schulstunden streifte ich durch die langen Gänge der Stadtbücherei, dort, in den Zonen der Präsenzbibliothek, wo sich die Bücher befanden, die man gleich mitnehmen konnte, befand sich die heiße Region der Verlockungen.

Niemand brauchte mir zu sagen, was ich lesen sollte, was die Lektüren betraf, gab es keine Begrenzungen und Verbote, ich ließ mich von Buch zu Buch treiben, und mein erster Blick galt der Frage, ob mich die Lektüre in dem weiterbringen würde, was zum Handwerk des Schreibens gehörte.

Die stärksten Anregungen gingen zunächst von Autoren aus, die so etwas wie einen eigenen Stil, eine eigene Sicht oder ein Thementerrain hatten, in dem sie sich auskannten. Wie, fragte ich mich, waren dieser Stil und diese Formen entstanden? Wie bezogen sie sich auf die Lebenserfahrungen der Schriftsteller? Welche Biographien entwickelten welche Geschichten?

So hartnäckig ich auch solche Fragen aufwarf, klären ließen sie sich nur selten. Mein Lesen war eine Art Stöbern, ich wühlte den Lesestoff auf, ich durchstreifte ihn, ich nahm die Bücher mit auf meine Wanderungen, ich setzte sie allen nur erdenklichen Situationen aus, als müßte ich sie ausführen, erwärmen, aufheizen, in Bewegung bringen.

Je mehr ich mich in sie vertiefte, um so mehr begannen sie sich zu entziehen. Man mußte versuchen, ihnen etwas abzulauschen, doch dieses Lauschen bezog sich nur in sehr indirekter Weise auf das, was sie einem vorsagten. Denn irgendwo in meinem Hinterkopf, irgendwo in einer unbemerkten, nicht zu erforschenden Region meines Hirns setzten sie sich fest. Sie weckten Erinnerungen, sie versetzten ins Träumen, sie verführten zu einer Worttrance, die mich plötzlich mit anderen Stimmen sprechen ließ.

In Roland Barthes' *Die Lust am Text* heißt es:

Mit jemandem zusammensein, den man liebt, und an etwas andres denken: so habe ich die besten Einfälle, so finde ich am besten, was ich für meine Arbeit brauche. Das gleiche gilt für den Text: er erregt bei mir die beste

Lust, wenn es ihm gelingt, sich indirekt zu Gehör zu bringen; wenn ich beim Lesen oft dazu gebracht werde, den Kopf zu heben, etwas andres zu hören. Ich bin nicht notwendig durch den Text der Lust gefesselt; es kann eine flüchtige, komplexe, unmerkliche, geistesabwesende Handlung sein: eine plötzliche Kopfbewegung, wie die eines Vogels, der nicht hört, was wir hören, der hört, was wir nicht hören. *

So verstanden, war das unermüdliche Lesen eine Art Erforschung des privaten Raums. Es galt nicht primär den Themen und Stoffen, sondern dem Ablauschen der ferneren, sich in mir festsetzenden Frequenzen. Die Intensität dieser Frequenzen war daran zu messen, wie stark die Sprache eines Autors auf mich wirkte. Solche Wirkung ließ sich mühelos feststellen: mit der Zeit der Lektüre gingen Partikel dieser Sprache auf das eigene Sprechen über, es entstand eine Sprachverbindung, ein immer tieferes Abtauchen in das unabsichtliche Sprechen-wie-ein-Anderer, das ich in meinen eigenen Schreibübungen fixierte.

Ich schrieb jetzt, um die Nuancen der Sprache zu testen. Langsam durchwanderte ich die unterschiedlichsten Bezirke der Lexik, das Schreiben wurde zu einem Erproben, es stand nicht für sich,

* Roland Barthes: Die Lust am Text. Frankfurt a. M. 1974, S. 38

es behandelte und verarbeitete keine Sensationen der Psyche, sondern es war ein Vorweisen von Spuren, Spuren, die andere Texte in mir hinterließen und die ich anstarrte, als hätte nicht ich, sondern die Sprache selbst sie in mir geboren.

All diese Übungen aber blieben bezogen auf den Fluchtpunkt der Hemingwayschen Texte, ja sie ordneten sich diesen Texten so unter, als bevölkerten, besetzten und ergänzten sie deren Phantasien. Die Schriftsteller, deren Werke und Biographien ich abtastete und durchging, versammelten sich als imaginäre Figuren in den hermetischen Künstlerzonen der Hemingwayschen Cafés, dort disputierten sie miteinander über ihre Texte, von dort zogen sie los, um Galerien zu besuchen, durch die Stadt zu flanieren oder einen Ausflug aufs Land zu machen. Sie alle gehörten zu einer festen, unauflöslichen Gruppe, sie bildeten eine strenge, nach außen hin abgedichtete Gemeinschaft, die Gemeinschaft der Literaten, deren zukünftiges Mitglied ich zu sein hoffte.

Die asketische Vorbildlichkeit Hemingways geriet erst in Gefahr, als ich die Erfahrung einer ganz entgegengesetzten Sprache machte. Gerade dieser Gegensätzlichkeit wegen faszinierte mich dieser bisher unbekannte Ton, es war ein brillierender, die Dinge mit Worten umschmeichelnder, die Worte den Objekten zu Füßen legender Ton, der so verführerisch und aufwendig klang, als feierte er mit seiner Hervorbringung gleich das Fest seines Gelingens.

Irritiert und verängstigt nahm ich diesen Klang auf, denn er erschien mir wie eine Überschreitung und wie der riskanteste Verstoß gegen alle Regeln, denen zu folgen ich mich bisher bemüht hatte. Plötzlich schien das einzelne Wort in einer Gruppe von Beiwörtern zu verschwinden, das Wort und die Beiwörter bildeten Girlanden und Ketten und entwickelten dabei so etwas wie eine intime Anzüglichkeit, ein Ineinander-Übergehen, ein Sich-Durchtränken.

Hatte ich bisher starr auf jedes einzelne Wort geblickt, hatte ich nach der Stellung und der Aufgabe dieses Wortes im Satz gefragt, so schien es jetzt darauf anzukommen, nicht in Wörtern, sondern in Phrasen zu denken. Die Phrase bildete eine Art Spange im Satz, mehrere Phrasen machten aus Sätzen luxuriöse, verrenkte Geschöpfe, zusammen promenierten diese Geschöpfe an einem vorbei, als seien sie auf nichts anderes aus als auf ein Gaukeltreiben der Schrift:

Die Wintersonne stand nur als armer Schein, milchig und matt hinter Wolkenschichten über der engen Stadt. Naß und zugig war's in den giebeligen Gassen, und manchmal fiel eine Art von weichem Hagel, nicht Eis, nicht Schnee.

*Die Schule war aus. Über den gepflasterten Hof
und heraus aus der Gatterpforte strömten die Scharen
der Befreiten, teilten sich und enteilten nach rechts und
links. Große Schüler hielten mit Würde ihr Bücher-
päckchen hoch gegen die linke Schulter gedrückt, indem sie mit dem rechten Arm wider den Wind dem
Mittagessen entgegenruderten; kleines Volk setzte sich
lustig in Trab, daß der Eisbrei umherspritzte und die
Siebensachen der Wissenschaft in den Seehundsränzeln
klapperten...* *

Durfte man so schreiben? Mußte es von der Wintersonne unbedingt heißen, daß sie milchig *und*
matt über der Stadt gestanden habe? Und mußte
dieses Doppel von *milchig und matt* gleich wieder-
kehren im Doppel von *naß und zugig* und in der
ausweichenden Beschreibung des Hagels, *nicht Eis,
nicht Schnee?*

Und warum klebte an jedem Substantiv ein
Adjektiv, warum mußte der Schein arm, die Stadt
eng und der Hagel weich sein, ganz zu schweigen
von den giebeligen Gassen, die sich einem eher
flüchtigen Blick zu verdanken schienen? Häuser
mochten giebelig sein, aber Gassen? Wahrscheinlich kam es auch gar nicht genau darauf an, wahrscheinlich war von *giebeligen Gassen* nur deshalb die

---

* Thomas Mann: Tonio Kröger. Mit einem Nachwort von
  Hanns-Josef Ortheil. Frankfurt a. M. 1980, S. 5

Rede, weil alles *Giebelige* mit einer aparten Laut-
folge von i-e-i-e aufwartete!

Dazu paßte, daß *Schüler* mit *Würde* ihr *Bücher-
päckchen* hielten; dazu paßte, daß sich die Scharen
teilten und *enteilten*, dazu paßte, daß die Schule *aus*
war, denn prompt strömten alle *heraus aus…*

Ja, diese klangvolle, sich virtuos spreizende
Sprache hatte etwas Zweideutiges, Unentschiede-
nes, als überblendete der Autor die Dinge und
Sachverhalte so sehr, daß sie ins Ungefähre verschwammen.

Dann war das schlechte Wetter da. Mit diesem Satz
begann Hemingways Geschichte *Ein gutes Café auf
der place St-Michel.* Schlechtes Wetter…, hieß es,
nicht *eine Art von weichem Hagel*; das Wetter war
einfach da, dort aber zeigte sich eine Konstellation
von Wintersonne hinter Wolkenschichten, durch-
kreuzt von manchmal weichem Hagel einer besonderen Art.

Alles an dieser zwittrigen Wetterschau empörte
mich, als fügte mir jedes Wort einen feinen Stich
zu und als träte es nur in Erscheinung, um vor den
Augen des Lesers hochmütig Pirouetten zu drehen.
Es war naß und zugig, hätte Hemingway vielleicht
geschrieben, hier aber hieß es: *naß und zugig war's.*
Mußte es der Autor zu diesem kokett auftrumpfen-
den Apostroph kommen lassen, konnte er sich die
Gelegenheit nicht entgehen lassen, mit einem

185

gleisnerischen *war's* alles Erzählte so abzutun, als ginge es ihn kaum etwas an?

Und war es unbedingt notwendig, den Helden seiner Geschichte *Tonio* zu taufen, gar nicht zu reden von dem Nachnamen *Kröger*, der dem *Tonio* Hohn sprach und wahrscheinlich nur verwendet wurde, um die Brechung des Vokals o in den Umlaut ö vorzuführen? Und war der Name des Autors, *Thomas Mann*, nicht vielleicht eine Erfindung, ein Pseudonym, die den Leser ungläubig schauen lassen sollte wie einen Thomas, worauf er durch das sich kleinmachende Mann vollends an der Nase herumgeführt wurde?

Daß ich all diese Einwände beiseite schob, hatte damit zu tun, daß mir die Geschichte von Tonio Kröger wie eine sehr ferne und deutsche Fortsetzung der Nick-Adams-Stories erschien. Tonio – das war der jugendliche Held als Schriftsteller, der seine Heimatstadt verließ und, wie es mit einigem Pathos hieß, den Weg ging, den er gehen mußte.

Tonios vollständige Konzentration auf diesen Weg, sein träumerisches, aber festes und entschiedenes Voran – all das war so deutlich und anschaulich aus den Jugendszenen entwickelt, daß ich die Erzählung wie die Urgeschichte des Schriftstellerwerdens las. War mir nicht jedes Moment dieser Urgeschichte vertraut, kannte ich nicht Tonios Abwehr gegen die Schule *(beim Unterricht langsamen und abgewandten Geistes)* ebenso genau wie seine Hefte mit Selbstgeschriebenem? Und ließ der junge Held mit dem Anfang des dritten Kapitels *(Er ging den Weg, den er gehen mußte, ein wenig nachlässig und ungleichmäßig, vor sich hin pfeifend, mit seitwärts geneigtem Kopfe ins Weite blickend...)* nicht die ganze Zeit des Unverständnisses und des Zeitraubs schlagartig und trotzig zurück?

Mochte Thomas Mann auch die ehernen Regeln der Verschweigekunst, wie ich sie durch Hemingway gelernt hatte, verachten, er hatte doch in seiner Erzählung all das berührt, was mich beschäftigte. Eine Erzählung aber wie die von *Tonio Kröger* war nicht zu erfinden, nein, die hatte der Autor gelebt, in jedem Detail, in jeder Szene.

Wie alt war er gewesen, als er sie aufgeschrieben hatte? Achtundzwanzig?! Hatte ich richtig gerechnet? Und hatte er zuvor schon etwas geschrieben? Nichts Geringeres als die *Buddenbrooks*, einen Roman von mehreren hundert Seiten!

Ich wollte herausbekommen, wie er das angestellt hatte, ich mußte nachforschen, warum er sich als junger Mann nach Palestrina in Italien zurückgezogen hatte, um dort nichts anderes zu tun als einen Roman zu schreiben...

1970 endete die lange, enervierende Schulzeit mit dem Abitur. Wenige Tage nach der mündlichen Prüfung machte ich mich auf den Weg nach Rom.

Ich hatte nichts als einen kleinen Koffer dabei, Handgepäck. Nur wenige Bücher hatte ich eingepackt, darunter die zwei Bände des *Zauberberg* und das klassische Standardwerk *Paris – ein Fest fürs Leben*. Ich wollte so lange in Rom bleiben wie möglich, denn ich hoffte, dort meinen ersten Roman zu schreiben.

Schon am zweiten Tag meines Aufenthaltes begegnete ich nahe dem Pantheon, vor der Kirche Santa Maria sopra Minerva, einer seltsamen Plastik. Ein Elephant trug einen ägyptischen Obelisken. Das Tier stand mit seinen festen, aber anmutigen Beinen auf einem leichten, mit einer ausführlichen Inschrift versehenen Sockel, zu dem einige schmale Stufen hinaufführten.

Ich hatte es wiedergefunden, mein Lasttier der Schrift; leicht trug es den Obelisken der Weisheit, und voller Übermut schwenkte es den Rüssel über dem Sockel der schriftreichen Werke.

6

Rom, im Sommer 1970: nie wieder habe ich ein so intensives Empfinden von Freiheit gehabt. Es war, als sei ich für immer allen einengenden Pflichten entkommen und als begänne erst jetzt die Zeit des eigentlichen Begreifens und Sehens. Zum ersten Mal war ich für längere Zeit allein, weit entfernt von Deutschland und unerreichbar für die Familie, mit der ich nur noch durch Briefe verbunden blieb.

Nach einem kurzen Aufenthalt in einem Studentenwohnheim geriet ich durch Zufall an die Adresse einer siebzigjährigen Wienerin, die in der Nähe der Porta Pia seit über dreißig Jahren eine kleine Pension betrieb, in der sich vor allem österreichische und ungarische Geistliche aufhielten, die für einige Wochen in der Ewigen Stadt bleiben wollten.

Neben der Küche, in der in den frühen Morgenstunden das Frühstück für die meist zurückgezogen und still lebenden Herren bereitgestellt wurde, gab es ein kleines, sehr schlicht eingerichtetes Zimmer, in dem ich mich einquartierte. Durch das einzige Fenster blickte ich in den großen, rechteckigen Innenhof eines typischen römischen Miethauses. Jeder, der diesen Hof betreten wollte, mußte an der großen Portiersloge vorbei, in der ein strenger Portier über die Sicherheit der zahlreichen Parteien wachte.

Mit der Zeit wurde ich so etwas wie der Vertraute der älteren Dame, ich nahm ihr anstrengende Einkäufe ab, ich verhandelte mit dem von ihr ungeliebten Portier über Post- und Mietangelegenheiten, und ich half am Morgen in der Küche, wenn es um den reibungslosen Ablauf der Frühstückszeremonien ging.

Zusätzliches Geld verdiente ich mir mit Führungen, die ich in den von Touristen gut besuchten größeren Kirchen der Stadt abhielt. Ich bot mich den irritiert oder überwältigt herumziehenden deutschen Gruppen an, jeder glaubte mir, daß ich »ein junger Kunststudent« sei, der sich etwas dazuverdienen wollte, um den dringend notwendigen Auslandsaufenthalt zu finanzieren.

So kam ich bald gut in der Fremde zurecht; ich konnte mir die Tage so einteilen, wie ich es wollte, niemand redete mir drein, wenn ich stundenlang durch die römischen Straßen lief, völlig betört und gefangengenommen von der Schönheit der Stadt. Endlich hatte ich Zeit, all die Bücher zu lesen, die ich mir in den deutschen Instituten auslieh, und endlich konnte ich mich so ausführlich und konzentriert mit dem Schreiben beschäftigen, wie ich es mir immer erträumt hatte.

Jetzt wollte ich es wissen. In den letzten Jahren hatte ich mein Schreiben als eine Art fortlaufendes Training betrachtet, durch das ich mich mit den

Techniken des Erzählens vertraut machen wollte. Ich hatte zahllose Geschichten geschrieben, frei erfundene, mit meinem eigenen Leben in kaum einem Detail verbundene, in denen ich den meist phantastischen Stoffen freien Lauf gelassen hatte. All diese Geschichten aber waren mir immer nur wie ein Vorlauf zum eigentlichen Schreiben erschienen, und so hatte ich auch nie daran gedacht, diese Erzählungen über Gebühr ernst zu nehmen oder sie zu veröffentlichen.

Um das Schreiben irgendwann einmal zu beherrschen, mußte man, wie ich dachte, dauernd schreiben, jeden Tag, auch wenn man nicht die geringste Lust dazu verspürte. Nach einer kurzen Überwindung regte sich mit den ersten Notizen sowieso wieder die alte, kurzfristig eingeschlummerte Lust. Sie hielt mich fest, irgendwo, an einem beliebigen Ort; stundenlang saß ich an einem kleinen Tisch, um zu schreiben, die Umgebung wurde unwichtig, ich vergaß sie allmählich, und erst, wenn ich erschöpft war, wachte ich aus dem Schreiben auf wie einer, der sich für einige Zeit in einem fremden Kontinent aufgehalten hatte.

Der Roman, den ich jetzt jedoch schreiben wollte, bedurfte gründlicher Vorbereitung. Ich wollte nicht über einen fernen, entlegenen Stoff schreiben, sondern über mein eigenes Leben, ja, ich hatte vor, die letzten Jahre meiner Schulzeit zum Thema dieses Romans zu machen. Eine deutlich umgrenzte, klar akzentuierte Handlung hatte ich nicht im Kopf; der Roman sollte statt dessen aus vielen kleinen Szenen bestehen, aus Auftritten der mürrischen und durch den Krieg gezeichneten Lehrer, aus zahllosen Dialogen mit Schulfreunden, aus knappen Geschichten aus dem Umkreis der unterschiedlichen Elternhäuser.

Diese Erzählsplitter aber sollten zusammengehalten werden durch mein eigenes Erleben, durch Schilderungen der langen Spaziergänge und Wanderungen, die ich in der Umgebung von Mainz unternommen hatte, durch emphatische Darstellungen meiner Lektüren und vor allem durch ausschweifende Ausmalungen meiner Träume, die sich meist auf nichts anderes bezogen als auf das Dasein des Schriftstellers.

Ich hatte zunächst vor, solche kleinen Geschichten in wahlloser Folge zu notieren, wie sie mir gerade durch den Kopf gingen; später wollte ich mich dann an die Überarbeitung setzen und das Ganze in eine überzeugende Folge bringen.

Und so machte ich mich an jedem Morgen auf den Weg in die Stadt; ich lief mich warm, ich dachte an nichts anderes als an einen geeigneten Platz zum Schreiben, nach zwei, drei Stunden war es soweit, ich holte meine Hefte hervor und begann zu notieren. Noch nie hatte sich die pubertäre Vorstellung, daß das Schreiben ein Fest sei, derart bestätigt. Wenn ich mich ausgeschrieben hatte und verschwitzt und müde über meinen Notizen saß, wurde ich mit einem rauschhaften Glücksgefühl belohnt. Es wird schon, dachte ich überwältigt, es entsteht etwas, ich bin auf dem richtigen, dem einzig richtigen Weg.

Das Schreiben gab mir ein Gefühl von Dichte und Schwere. Es war, als zöge sich etwas in mir zusammen, eine merkwürdig intensive Spannung hielt mich an meinem Platz, und später spazierte ich durch die Stadt, als könnte schon ein Stolpern diese Spannung aufheben oder vernichten.

Bald war ich auch davon überzeugt, daß Gespräche mit Fremden diese intensiven Zustände beschädigen könnten. So ging ich überflüssigen Unterhaltungen aus dem Weg. Ich lief herum wie ein Mönch, der strengen Regeln des Schweigens gehorchte, ich glaubte, daß all die zufällig ausgestreuten Worte mich durcheinanderbringen würden. Ich mußte, wie ich mir einredete, die Worte sammeln wie einen seltenen und kostbaren Besitz. Aus der einzigartigen und unverwechselbaren Fügung dieser Worte sollte meine Schriftgestalt entstehen, die Gestalt eines Menschen, der eine Zeit beschrieb und festhielt, die er hinter sich gelassen hatte.

Hätte ich mich damals mit heutigen Augen betrachten können, so wäre ich mir zweifellos komisch vorgekommen. Ich gab das Bild eines weltfremden Träumers, der sich so sehr auf seine Phantasien und Projekte konzentrierte, daß er für die Umgebung kaum noch vorhanden war. Ich kultivierte die Idee eines fast leiblosen Existierens, als sei ich Mitglied eines Geheimordens, dessen Mitglieder geschworen hatten, nirgendwo aufzufallen und sich mit Brot, Wasser und Käse zu bescheiden. Ich wollte nicht hungern, das nicht, aber ich wollte doch so wenig essen wie überhaupt nötig, so wenig, daß ich ganz frei und wach blieb für das Schreiben und dennoch den Hunger nicht spürte.

Zugleich tat ich so, als existierte die Stadt nur in der Vergangenheit. Ich suchte ihre Kirchen und Museen auf, ich gab mich ausschweifenden kunsthistorischen Studien hin, und ich ignorierte den ganzen Gegenwartslärm, als handelte es sich dabei nur um eine saisonale Verfehlung. Selbst die üblichen Verkehrsmittel benutzte ich kaum; ich war stolz darauf, alle Wege zu Fuß zurückzulegen, wobei ich bald jene Wege bevorzugte, die vom modernen Verkehr nicht gekreuzt wurden. Instinktiv wehrte ich alles ab, was an diese Moderne erinnerte; ich hing an der Idee des »wesentlichen Sehens«, und vor solch einem Sehen hatte nichts Bestand, was von den Moden der Gegenwart beeinflußt war.

So wurde die Stadt für mich ein vor allem optisches Ereignis, wie ich bisher noch keines erlebt hatte.

Wer die richtigen Pfade und Schleichwege kannte, bewegte sich durch ein jahrtausendealtes Terrain, das alle Gegenwart immer neu zu überwachsen und zu überleben schien. Plötzlich begriff ich, daß Städte theatralische Wirkungen entfalten konnten, daß Straßenzüge etwas von Kulissen hatten, schmale Gassen angelegt waren auf die Fluchtpunkte der Plätze, daß Häuser, um einen Platz gruppiert, eine Art visuelles Ensemble bildeten, daß die Reliefstrukturen der Kirchenfassaden Grundmotive entwarfen für die weitere architektonische Umgebung.

Ich war fasziniert von diesem Sehen, das ich »ein Sehen in Bezügen« nannte, und ich tat alles, diese Bezüge so herzustellen, daß alle störenden und quertreibenden Details dabei verschwanden. Wenn ich in meinen Heften notierte, was ich täglich gesehen hatte, so waren die Seiten voll von Bildbeschreibungen. Ich hatte Tableaus entworfen, die Dinge zu Szenen geordnet, ich hatte Rom wie ein Maler vergangener Jahrhunderte durchstreift, dem sich die Stadt nur in weiten Perspektiven erschloß.

Die Menschen, die die Stadt bewohnten, kamen in diesen Schilderungen kaum vor; sie existierten nur als winzige, die ungeheuren Ruinen der Stadt beinahe unerkennbar bevölkernde Attribute. Wer Rom aber verstehen wollte, mußte es immer wieder aus der Höhe betrachten, von einem der exquisiten Aussichtspunkte wie etwa denen des

Pincio und des Gianicolo aus. Von dort gesehen, versank die Stadt in einem urtümlichen Dämmer. Ihre Bauwerke schienen in der Hitze eine Patina des Unvergänglichen anzunehmen, als sei die Gegenwart wahrhaftig unkenntlich gemacht oder in den breiten, dunklen Rissen der Straßen verschwunden.

Ich strengte mich an, das, was ich als »das Dauernde« verstand, aus allem herauszusehen. Meine Blicke glichen denen auf ferne und unerreichbare Ikonen, in deren feinen und ziselierten Zeichnungen die einzig lohnenden Rätsel des Daseins verborgen waren. Vor solchen Ikonen verharrte ich; ich wartete auf die Flüsterstimmen, die sich schon irgendwann einstellen würden.

Nach etwa einem Monat erklärte ich die Vorarbeiten für abgeschlossen. Nun verbrachte ich die Vormittage in meinem Zimmer, mit der Niederschrift des Romans beschäftigt. Jeden Tag widmete ich dieser Arbeit drei, vier Stunden; erst nach Mittag brach ich in die Stadt auf, um mich von meinen Schreibemphasen zu befreien. Der Roman hatte etwas von einem gefräßigen, unermüdlich fordernden Tier, das jeden Tag seine Rationen verlangte. Ich schrieb, ohne die Arbeit ein einziges Mal für einen Tag zu unterbrechen. Wenn ich mich in meinem Zimmer an die Arbeit machte, traten die Bilder der letzten Jahre in großer Klarheit vor mein inneres Auge. Schritt für Schritt glaubte ich mich in diese Vergangenheit zurückzutasten.

So lebte ich in den Morgenstunden in einer anderen Zeit und an einem anderen Ort; ich imaginierte die ferne Heimat und das Vertraute, während ich mich an den Nachmittagen ganz Rom überließ. Die Briefe, die ich nach Hause schrieb, verstörten die Empfänger, denn in diesen Briefen kamen so gut wie keine privaten Mitteilungen vor. Ich beschrieb die Kunstwerke, die ich studiert hatte, ich dachte über meine Lektüren nach, ich demonstrierte, daß ich mich von allen familiären Bezügen befreit glaubte und damit kaum noch etwas zu tun haben wollte. Meine ganze Existenz sollte sich in Schriftzügen auflösen, und während man sich aus Deutschland danach erkundigte, wann ich endlich zurückkommen würde, begann ich, Gefallen daran zu finden, meinen Aufenthalt in die Länge zu dehnen.

Insgeheim hatte ich mir den Helden von Thomas Manns *Zauberberg* zum Vorbild genommen, der sich ja ebenfalls in seinem anfänglich nur auf wenige Wochen berechneten Aufenthalt immer mehr zu versäumen begann. Ich las die Kapitel dieses Romans wie Lehrstücke darüber, daß die Zeit in gewissen exzeptionellen Phasen keinerlei Bedeutung mehr hatte. Was kümmerte mich die Gegenwart? Ich wollte mich immer mehr verlieren, um am Ende, irgendwann, ich wußte selbst nicht, zu welchem Zeitpunkt, aus der Flut des Geschriebenen aufzutauchen als ein anderer.

Ich blieb fast ein halbes Jahr. Am Ende bildete ich mir ein, daß kein Fremder die Stadt so gut kannte wie ich. Wenn ich die Augen schloß, glitt ich in Gedanken wie ein Abfahrtsläufer vor dem Rennen durch die Straßen der Stadt, als sei mir jede Kurve vertraut. Ich hatte den Roman abgeschlossen, das dicke Manuskript lag auf meinem Schreibtisch wie die Bestätigung aller inneren Triumphe, die ich in Rom erlebt hatte. Auf der Rückfahrt im Zug sprachen mich deutsche Touristen an, die mich für einen Italiener hielten. Ich antwortete ihnen in der fremden Sprache, als gehörte ich nicht mehr dazu. Innerlich fühlte ich mich so weit von Deutschland entfernt wie nie zuvor, und ich glaubte, daß man diese Entfernung auch dem Roman anmerken würde, den ich nach einigen Wochen mit der Maschine ins Reine schreiben wollte.

Schon in Rom hatte ich mir oft Gedanken über die Zukunft gemacht. Wie sollte es weitergehen? Sollte ich studieren? Aber was? Kunstgeschichte, um meine römischen Studien zu vertiefen? Literatur, um weiter Zeit genug zu haben für das Schreiben? Musik, um mich durch die Konzentration auf ein sprachfernes Medium wenigstens zeitweise von der Sprache abzulenken?

Am liebsten wäre mir gewesen, ich hätte mein

Schreiben ungestört fortsetzen können. Das erschien mir aber nur unter der Bedingung möglich, daß mein Roman möglichst bald von einem Verlag angenommen und gedruckt werden würde. Manchmal sah ich den Umschlag schon vor mir, ich erkannte meinen Namen in fetten Buchstaben oberhalb einer romantischen, skizzenhaften Zeichnung, die dem Leser ein vages Bild vom Inhalt des Buches vermitteln würde. Ja, es war nur eine Frage der Zeit, wann dieses Buch erscheinen würde, vielleicht in einem, vielleicht in zwei Jahren. In der Zwischenzeit würde ich einen zweiten Roman schreiben, ganz anders als der erste, vollkommen anders, ich würde mich aufs neue in eine andere Gestalt verwandeln, und so würde das Schreiben seinen Lauf nehmen, Buch für Buch.

Wenige Wochen nach meiner Rückkehr geriet ich durch einen seitenlangen, wütenden Leserbrief, den ich aus Empörung über eine vernichtende Kritik eines Fassbinder-Films an die Kulturredaktion einer Mainzer Tageszeitung geschickt hatte, mit dem leitenden Redakteur dieser Redaktion in Kontakt. Er hatte mich zu sich bestellt, um in Erfahrung zu bringen, welches merkwürdige Wesen sich hinter Hunderten von Zeilen verbarg, in denen eine detaillierte Deutung des Films entworfen und spitze, ironische Bemerkungen gegen den gedruckten Beitrag abgeschossen wurden.

Es war dem Mann anzumerken, daß er mich für einen Verrückten hielt. Schon kurz nachdem wir einander gegenüber Platz genommen hatten, rückte er auf seinem Stuhl Zentimeter für Zentimeter zurück. Er starrte mich an, als verstünde er nur partiell, was ich vortrug; ohne mich ein einziges Mal zu unterbrechen, hörte er mir fast eine halbe Stunde zu. Ich sprach von den Aufgaben der Filmkritik, ich erläuterte die Filmtheorien Siegfried Kracauers, brachte sie mit dem Fassbinder-Film in Verbindung und skizzierte das Muster einer idealen Kritik, durch die dem Film, wie ich ausführte, Gerechtigkeit widerfahren wäre.

Mein Zuhörer entgegnete nichts. Nach meinem langen Monolog reckte er sich erschöpft in seinem Stuhl auf und schlug mir vor, es doch in Zukunft selbst zu versuchen. Ich?! Ich sollte Kritiken schreiben?! – Ja, warum nicht? – Und ab wann? – Ab kommender Woche!

Ich stimmte sofort zu. Natürlich, so boten sich gute Gelegenheiten, ein anderes Schreiben zu erproben. Jeden Donnerstagmittag würde ich mir einen Film anschauen, ich würde keine Zeit haben, lange über den Text nachzudenken, ich würde meine Aufgabe schnell und konzentriert zu erledigen haben, schon am Nachmittag würde mein Beitrag gesetzt und gedruckt. Hatte nicht auch Hemingway als Journalist begonnen, und würde das journalistische Schreiben mich nicht vor ganz neue Herausforderungen stellen?

So eilte ich von nun an jede Woche einmal ins Kino. Während der Vorstellung machte ich mir im Dunkeln Notizen, die ich noch auf dem Weg zur Redaktion überflog. Gegen sechzehn Uhr saßen meist drei Kritiker zusammen in einem kleinen Raum über ihre Schreibmaschinen gebeugt. Nun sollte das rasche Schreiben beginnen, doch während meine Kollegen ihre Sätze in die Maschine hämmerten, saß ich noch nachdenklich herum, ordnete meine Notizen, schaute aus dem Fenster und verfluchte jede Störung. Alle zehn Minuten betrat eine Sekretärin den Raum und drängte zur Eile, man ließ mir keine Zeit, hier herrschten andere Schreibgesetze als die, die ich gewohnt war.

Der Raum, in dem wir arbeiteten, war nicht der intime und geschlossene Raum des Schreibens, den ich mir immer geschaffen hatte. Es war ein von nervösen Bewegungen, von Telefonanrufen, Stimmen und Kommentaren zersetzter Raum, in dem es gar keine Möglichkeit zur Besinnung gab. Dieses Schreiben erforderte Spontaneität und Schnelligkeit, man mußte mit guten Einfällen, markanten Formulierungen und Pointen aufwarten. Nein, ich schrieb nicht mehr in dem konzentrierten, nur von den eigenen Stimmen gefüllten Raum, in dem einem lang ausgetüftelte und immer wieder korrigierte Texte gelangen, dieses Schreiben vollzog sich vielmehr gleichsam vor den Augen von Fremden, es war ein öffentliches, kein privates Schreiben, und es war nicht für mich, sondern von Anfang an für eine breite Leserschaft bestimmt, die sich für meine Arbeitsprozesse nicht im geringsten interessierte.

Ich tat mich schwer. Anfangs wollten mir nur kurze, wie en passant geschriebene Texte gelingen, die mir nicht gefielen. Das Schreiben hatte, wie ich dachte, keinen Schwung, es hantierte nur mit den Sätzen, ohne ihnen einen Rhythmus zu geben, es unterbrach sich, stockte, setzte wieder neu an, es war ein diffuses Abstoßen von Satzbrocken, denen jeder ansehen mußte, daß sie mit dem Schreiber nichts zu tun hatten. Nein, sagte ich mir, diese Sätze gehen nicht durch dich hindurch, du holst sie aus irgendeiner Fremde, du zitierst sie nur, du schreibst wie einer, der sich der Sprache anpaßt, ohne Formung und ohne Klang.

Nach einigen Versuchen fragte ich einen älteren Kollegen um Rat. Ich legte ihm meine ersten Kritiken vor und bat ihn, sie so kritisch wie möglich zu kommentieren. Wir setzten uns für eine Stunde in ein Café, und ich sprach von meinen bisherigen Schreibarbeiten, von der Romanzeit in Rom, von den Erzählungen, die ich bisher geschrieben hatte, und davon, wie sehr mich das neue Schreiben verstörte.

202

Er hörte sich meine Bedenken an, ja, er konnte schon verstehen, daß ich, wie er meinte, »Einstiegsprobleme« habe, doch er fand an meinen Kritiken nichts auszusetzen. Etwas gelangweilt erschienen sie ihm, so, als wollte ich zeigen, daß mich die Filme nichts angingen; sprachlich aber seien sie in Ordnung, das könne er mir bestätigen. Ich sollte mir, schlug er vor, einen Film lediglich als einen Anlaß zu schreiben vorstellen; der Film gebe ein Thema, eine Handlung, eine Stimmung vor, nun komme es darauf an, was ich daraus mache. Der Leser müsse nachvollziehen können, wie sich der Kritiker mit dem Film ein Gefecht liefere. Degen oder Florett? Eine Kritik sei ein Schaukampf, das erwarte der Leser, und je eleganter dieser Kampf in Szene gesetzt werde, um so mehr fühle der Leser sich unterhalten. Vielleicht hätte ich, endete er, beim Schreiben niemals an die Leser gedacht, das müsse jetzt anders werden, Kritiken zu schreiben bedeute: ein breites Publikum im Auge zu behalten.

Trotz dieser Ratschläge kam ich mit meinen Versuchen nicht gut voran. Es kam mir so vor, als müßte ich mich meiner eigenen Sprache erst entfremden, um den Anlauf in die öffentliche zu nehmen. Diese öffentliche Sprache aber bestand für mich vor allem aus Rhetorik. Rhetorik war die Kunst, einen Text so zu formulieren, als bestünde er aus lauter klimatischen Schwankungen. Man mußte ausholen, auf Höhepunkte hinarbeiten, scheinbare Gegensätze beschwören, und man durfte bei all diesen Faxen nie die Oberfläche der Sprache verlassen, die Ebene der flotten Wendungen, der künstlichen Steigerungen und der liebedienerischen Adjektive.

Das alles war mir im Grunde zuwider. Und doch machte es mir mit der Zeit immer mehr Spaß, einen leichten, sich unkompliziert, frisch und vor allem dreist gebenden Ton zu treffen, der in der Redaktion unter der Rubrik des »Feuilletonistischen« hohes Ansehen genoß.

Dieses »Feuilletonistische« war ein Unterhaltungston, etwa in der Mitte zwischen harmlosem Plaudern und forschem Behaupten. Es handelte sich, wie ich mir einredete, um eine tänzerische Übung, bei der es vor allem auf das schwungvolle Wechseln der Sprachkostüme ankam. Hinter all diesen Hebefiguren und Pirouetten blieb jedoch der Schreiber verborgen; er führte Regie, anstatt sich selbst in den Vordergrund zu drängen.

Ich erinnere mich genau an einen Nachmittag im Frühjahr, als ich wieder in der Redaktion an einer meiner Kritiken arbeitete. Ich schaffte es jetzt, die Texte pünktlich abzugeben, ich hatte, wie man so sagte, »den Schwung raus«, ja, ich beobachtete mein Tempo und meine Formulierungsakrobatik sogar mit einer gewissen frivolen Freude, als wäre ich für einige Zeit freiwillig ins Fegefeuer gegangen, um später um so glorreicher in den Himmel der Literatur aufgenommen zu werden.

Ohne einmal innezuhalten, hatte ich meine Kritik gleich in die Maschine getippt. Ich hatte die Seiten noch einmal durchkorrigiert, nein, es gab nichts zu beanstanden, als ich den bewundernden Kommentar eines Kollegen hörte, der noch an seinem Text saß: »Mein Gott«, sagte er, »der Junge schreibt wie der Deibel.«

Natürlich, der Ausruf war als Kompliment gedacht. Doch er traf mich ganz plötzlich, als hätte mir da einer eine bittere Wahrheit gesagt. Ich erschrak. Hatte ich meine Seele nicht wirklich dem Teufel einer fremden Schrift verschrieben? Sprach und schrieb ich überhaupt noch in eigenem Namen? Oder schwindelte ich mich jetzt nicht seit Monaten durch das Reich der ungefähren und vagen Formulierungen, mit denen ich nur ein standardisiertes Profitum vortäuschte?

Ich entschloß mich, das römische Manuskript endlich abzuschreiben. Ich hatte es lange genug beiseite gelegt, ohne einen Blick hineinzuwerfen. Jetzt, wo ich den Text beinahe schon vergessen hatte, war der richtige Zeitpunkt gekommen, um es aus der Distanz durchzugehen und vielleicht hier und da zu überarbeiten. Ich mußte ernst machen mit diesem Text, mit dessen Entstehung sich nur die angenehmsten Erinnerungen verbanden. Dort, in der römischen Schrift, glaubte ich mein eigentliches Terrain neu entdecken zu können.

An einem Vormittag packte ich das sorgfältig verschnürte Bündel Papiere aus. Ich nahm mir das erste Kapitel vor und begann mit der Lektüre.

Nie wieder hat mich ein Text derart verzweifeln lassen. Ich glaubte meinen Augen nicht zu trauen. Das hatte ich geschrieben? Diese überkonstruierten und dabei blassen, diese mal hoch hinaus, dann wieder lakonisch dahertrabenden Sätze hatte ich einmal gedacht?

Ich begegnete einem schrägen Potpourri von Stilen, die zusammen den Eindruck eines dichten Verhaus machten. Als habe in einem Wald ein gewaltiger Sturm gewütet und gerade die mächtigsten Bäume niedergestreckt, blockierten sich die Sätze gegenseitig und blickten mich wie dumpfe und entwurzelte Ungeheuer an. Überall war eine hoch erregte, pathetisch auffahrende Gestik am Werk, der Text bestand aus lauter Gebärden, mal wie Donnergrollen, mal wie ein Urlautlallen.

Und diese totgeschilderten und mit Sprache überbetonierten Gestalten sollten Charaktere sein? Warum hatte ich sie nicht reden lassen wie normale Menschen? Was hatte mich bloß zu diesem Deklamationston getrieben? Und warum entwickelte sich nirgends ein Fünkchen Handlung, so, als hätte ich unbedingt beweisen wollen, wie der absolut handlungsarme Roman zu schreiben sei?

All das, was mir da vor Augen kam, las sich wie der Rekordversuch eines Wahnsinnigen, der sich vorgenommen hatte, mit einem völlig unvergleichbaren, alles Bekannte hinter sich lassenden Roman gleich in die Literaturgeschichte einzugehen. Dabei hatte ich in Wahrheit keinen Roman geschrieben, ich hatte vielmehr vorgeführt, wie man mit allen Mitteln vermied, einen Roman zu schreiben. Vor mir lag der Antiroman, ein schwerer, unverdaulicher Brocken, verkrampft und verbohrt, wie die letzte Zuckung eines Unverstandenen, der insgeheim vielleicht geplant hatte, nach dem Martyrium des Schreibens seinem Leben ein Ende zu machen.

Ja, der Text hatte etwas Selbstmörderisches. Erschrocken und verzweifelt, mußte ich mir eingestehen, daß er eine Art Endzustand markierte, so, als hätte ich mir für immer beweisen wollen, daß ich kein Schriftsteller sei. Mit diesen Sätzen war nichts anzufangen, sie lösten nur Ekel aus, denn mit jeder Wendung schaute mich die Fratze eines zerstörerischen Willens an, der Sprache Gewalt anzutun.

Was in mir, fragte ich mich, hatte diesen Text geschrieben? Es war der Text eines größenwahnsinnigen Dilettanten, nein, genauer: es war der Text eines Unfähigen. Richtig, ja, ich mußte es mir jetzt eingestehen: ich hatte keinen Roman geschrieben, ich hatte mich vielmehr selbst zerschrieben. Alle Kräfte hatte ich aufbieten wollen, um mir meine Fähigkeiten zu beweisen, jetzt war es aus mit diesen Kunststücken. Sie bedeuteten nichts, nicht das geringste, der handgeschriebene Text verhöhnte alle Absichten. Am besten, ich nähme ein für allemal Abschied von dem Gedanken, je ein Schriftsteller zu werden!

Um wenigstens einen Blick hinter die Kulissen des Desasters zu werfen, durchblätterte ich meine römischen Tagebuchaufzeichnungen. Das hörte sich ja an, als ächzte da einer unter den Geburtswehen eines Meisterwerks! So viele verschwendete Gedanken, so viele Kommentare, Überlegungen und ins Große zielende Absichtserklärungen! Und gleich daneben die Schilderungen des hohen Minnedienstes, den ich anscheinend in vollem Ernst den großen Kunstwerken dargebracht hatte!

Nein, auch in diesen Tagebüchern stand kaum ein klarer, ruhiger Satz, auch sie lasen sich wie die Aufzeichnungen eines übererregten Nervösen, der sich hart an der Grenze zur Selbstaufgabe das letzte gewaltige abendländische Epos abrang. Nicht einmal meine Stadtspaziergänge hatte ich genau und pathosfrei beschrieben, ganz zu schweigen von meinen inneren Empfindungen, die ich durch einen wahren Vulkan von exzessiv wirkenden Worten zur Strecke gebracht hatte.

All das konnte nur einer geschrieben haben, der sich Tag für Tag mit den merkwürdigsten Drogen gefüttert hatte. Nur so wurden die Delirien dieser Texte verständlich, der ganze aufgeputschte Höhenzauber der poetischen Wendungen, das mit kannibalischer Lust gestaltete Martyrium der Schaffensqualen, der überall wollüstig demonstrierte Sprachexorzismus, der der Austreibung jedes alltäglichen Wortes zu gelten schien.

Wer also hatte diesen Text geschrieben? Ich zuckte geschlagen mit den Schultern. Ein wahnsinniger, noch unentdeckter Poet in sibirischer Gefangenschaft vielleicht..., ein ästhetisch-religiöser Fanatiker mit einem hybriden Glauben an das eigene Werk..., einer, der längst in der fernen Eiswüste seiner Gefangenschaft umgekommen war.

Es dauerte Wochen, bis sich mein sprachloses Entsetzen über diese Texte allmählich minderte. Ich empfand das, was ich da noch vor wenigen Monaten geschrieben hatte, als persönliche Katastrophe, als vollständige und endgültige Niederlage. Nicht nur mein Schreiben stand zur Verhandlung, sondern mehr noch ich selbst, ja, ich selbst war mißlungen. Die verschiedenen Bruchstücke meiner Erfahrungen und Beobachtungen waren nicht wirklich zusammengewachsen, ich war nichts anderes als eine lächerliche Groteske, die sich in einem untauglichen Metier versucht hatte.

Der Ekel, den ich gegenüber meinen Sätzen empfand, dehnte sich so auch auf meine Person aus. Ich spürte einen grenzenlosen körperlichen Widerwillen gegen meine Gestalt, gegen mein Aussehen, meine Gestik, gegen die Worte, die ich ausschied wie verschimmelten Abfall. Ich hätte mich schlagen können, mich verletzen, am liebsten wäre es mir gewesen, jemand hätte mir diesen Dienst getan und mir den Rest gegeben. Alles an mir erschien wie verrenkt, ich war ein Kaspar, ein Gliedermax, alles an mir sollte verderben, man sollte mich aus der menschlichen Gesellschaft entfernen, ich gehörte in Quarantäne oder am besten verbrannt, niemand sollte mich noch berühren, niemand sich anstecken, denn Körper und Seele befanden sich in einem Zustand der giftigen Fäulnis.

Als ich wieder zur Besinnung kam und die depressiven Attacken nachließen, wußte ich, was ich zu tun hatte. Ich wollte mich bestrafen, indem ich mich dazu zwang, wieder ganz von vorne anzufangen. Ganz unten, dort, wo man die ersten Schritte machte, war mein Platz. Auf das Schreiben wollte ich vorerst verzichten, nur die Arbeit als Filmkritiker sollte fortgesetzt werden, weil ich durch diese Arbeit immerhin auf eine Sprache festgelegt wurde, die mit meinen privaten Themen nichts zu tun hatte.

Ich mußte studieren, ja, ich verpflichtete mich darauf, in die Rolle eines Studenten zu schlüpfen. Lautlos und ohne zu murren wollte ich Seminare besuchen, Scheine machen und mich mit keiner Regung an mein bisheriges Arbeiten erinnern. Ich wollte dieses Arbeiten vergessen machen, indem ich wieder in eine Art Schule ging, ich wollte mich zwingen, erneut in gehaßten Lehrsälen zu sitzen und meinen verwirrten Kopf über Elementarbücher zu beugen. Althochdeutsch, Mittelhochdeutsch – so etwas wäre das Richtige für mich, Anfängerkurse, Proseminare und Übungen, die wollte ich besuchen, und dazu die berüchtigten Einführungsvorlesungen, wo einem so etwas wie Grundbegriffe beigebracht wurden, Begriffe, die man wie Lanzen und Speere gegen die Literatur anlegte, um sie möglichst methodisch zur Strecke zu bringen.

Ja, genau, ich war süchtig nach Methoden, nach abstraktem und sterilem Wissenschaftschinesisch, nach diesem ganzen Plunder von aufgedunsenen Formulierungen, mit deren Hilfe man die Literatur zerhäckselte und in glattgehobelten Särgen bestattete. »Die Novelle im neunzehnten Jahrhundert« – so ein Ekelthema wäre das Richtige für mich, so etwas, was sich nur ein literaturferner Kopf ausgedacht haben konnte, ein Kopf, der die

Literatur nötigen und kleinkriegen wollte, Stück für Stück.

Ich suchte die Rache, ich wollte mich an mir selbst vergehen, indem ich mich an der Literatur verging. Nichts mehr sollte bleiben von meiner Leselust, von diesen tagelangen Leseexzessen, ab jetzt würde ich mich zwingen, gerade die trockensten und abgelegensten Texte zu lesen. Ich würde sie verschlingen, diese mageren Leichen der Literaturgeschichte, ich würde mich an ihnen vergehen, um sie später wieder auszuspeien.

Um mein Denken zu disziplinieren, wollte ich neben der Literatur auch Philosophie studieren, auch hier würde ich mich in den Anfängerübungen kasteien, am besten, ich begänne mit so etwas wie »klassischer Logik« oder mit vierstündigen Lektürekursen einer kleinen Kantischen Schrift der sogenannten vorkritischen Phase. Hier würde ich mich den Definitionen und den lupenreinen Formulierungen unterwerfen, ich würde mir das freie und spontane Formulieren und Denken abgewöhnen, ich würde mir begriffliche Rüstungen anlegen und zu Werke gehen, als zöge ich aus in eine Schlacht.

Nur das dritte Fach, das zweite Nebenfach also, sollte mir einige dürftige Freiheiten gewähren. Kunstgeschichte zu studieren, wie ich es mir in Rom manchmal vorgestellt hatte, verbot ich mir. Die Kunstgeschichte hätte mich nur wieder an diese im Delirium verbrachten Monate erinnert, Kunstgeschichte war ein Genußstudium, ein Flanieren durch die Galerien der ästhetischen Hochbefriedigungen, auf die ich verzichten mußte.

Also blieb nur die Musik. Musikwissenschaft, genau: auch hier Vorkurse wie »Harmonielehre I«, »Kontrapunkt«, »Gehörbildung«, und daneben das Klavierspiel, wenigstens eine sportliche Übung wollte ich mir verschreiben.

Ich begann, mich einzusperren. Ich lief in die Bibliotheken, entlieh mir Stapel wissenschaftlicher Literatur und zog mich in mein Zimmer zurück. Mein Schreibtisch war nicht mehr der aufgeräumte Platz, an dem ich meine inneren Phantasmen zu ordnen versuchte, sondern eine Schlachtstätte, auf der sich Berge von skandalösen und obszönen Wissenschaftsruinen im Weg standen.

Ich zwang mich, mit dem Exzerpieren zu beginnen. Seite für Seite füllte ich mit Kernsätzen, Definitionen und Zusammenfassungen, die Zitate wurden Stichwörtern zugeordnet und die zusammengehefteten Seiten in Ordnern verstaut. Ja, ich war wieder in die Schule zurückgekehrt, in dieses Reich der Langeweile und der provozierenden Unmündigkeit, von wo ich vor einem Jahr aufgebrochen war in den Traum einer unbedingten Freiheit.

Ich studierte rasch und ohne mich zu besinnen. Ich füllte meine Stunden mit Vorlesungen, Übungen und Seminaren, gerade die Kurse, die nur wenige Studenten anzogen, waren mir die liebsten. An den Abenden übte ich stundenlang Klavier, ich schloß mich in einen schalldichten Raum im Keller des Musikinstituts ein und hämmerte auf den Tasten herum. Manchmal bluteten meine Finger, aber ich genoß es, wenn sich die dünnen Blutspuren über die weißen Tasten verteilten. Ich wollte meine alten Träume ganz und gar auslöschen, ich wollte eine Art athletischen und durchtrainierten Wissenschaftsmenschen aus mir machen, einen, der die Fachsprachen durch den Reißwolf seines lädierten Gehirns drehte und die schwersten Etüden von Chopin herunterputzte, als seien es Fingerübungen.

Doch während ich so in angestrengter Eile studierte und die erforderlichen Scheine einsammelte wie trockenes Laub, das von den verdorrten Stämmen der Wissenschaft rieselte, starrte ich wie gebannt auf den Gegner, den Feind. Seit dem ersten Semester umkreiste ich ihn, ich beschäftigte mich mit seinen Eingeweiden und seinen Ablegern, ich sezierte ihn, um seine Bestandteile bis ins letzte Detail kennenzulernen, ich fraß seine Produktion in mich hinein, ich konzentrierte mich ganz auf das letzte, entscheidende Duell.

Dieser Feind war »Der Roman«. Ich dachte nicht an einen bestimmten Roman, sondern an den Roman schlechthin, ich zielte nicht auf das einzelne Exemplar, sondern gleich auf die Gattung, um sie zu treffen und zu verwunden für immer.

Die Waffen, die ich einsetzen wollte, waren nicht die üblichen der Textinterpretation, ich hatte ganz anderes im Sinn. Ich wollte die Gattung Roman mit Hilfe der philosophischen Begriffe auseinandernehmen. Seit Generationen hatten sich die Literaturwissenschaftler mit diesem Monstrum beschäftigt, doch ihre Werkzeuge erschienen mir verbraucht und untauglich. Dem Roman mußte man mit artfremden, bisher kaum erprobten Waffen zu Leibe rücken.

Ich wollte bis zum Herzen meines Gegenübers vordringen, in die geheimnisvolle Zone seines inneren Systems. Diese Zone nannte ich »das A priori« des Romans, nur dort bekam man den Feind zu fassen, nur in dieser Zone waren die grundlegenden Motive seines Wirkens aufzudecken.

Ich bereitete mich auf diese Untersuchung vor wie auf eine Operation. Ich begann mit der Lektüre von umständlichen und unlesbaren Barockromanen, ich untersuchte die Aussagen, die ahnungslose und verblendete Schriftsteller über die Gattung gemacht hatten, ich sammelte Material und legte es beiseite, um es im Ernstfall bereit zu haben.

Nach sechs Semestern Studium hatte ich alle notwendigen Scheine zusammen. Ich meldete mich zur Promotion, und ich hatte das Thema der Dissertation wie ihre Durchführung bereits fest vor Augen, es ging um »das A priori des Romans«, um seine theoretische Erledigung, um eine Leichenrede mit schlagenden Begriffen.

Im Hintergrund dieser sechs Semester, in denen ich die tiefer liegenden Schreibimpulse kastrierte, als dürfte ich sie nie mehr hochkommen lassen, regenerierte sich freilich die alte, nur verdrängte Sehnsucht immer mehr.

Ich hatte sie schon daran erkannt, daß ich mich für ein Semester nach Paris abgesetzt hatte, um dort mein Französisch zu verbessern. Ich hatte einige Kurse an der Sorbonne belegt, doch ich hatte mich in Wahrheit gar nicht ernsthaft um die Erweiterung meiner Sprachkenntnisse bemüht.

Der Aufenthalt in Paris hatte vielmehr, je länger er dauerte, einen ganz anderen Charakter erhalten; er hatte sich zu einer nostalgischen Erinnerung an meine früheren Hemingway-Lektüren entwickelt. Ich hatte all die Plätze aufgesucht, die ich mir in der Phantasie längst ausgemalt hatte, und ich hatte mir endlich erlaubt, den alten, vertrauten Sätzen wieder Glauben zu schenken. Ja, ich hatte eine meiner Lieblingslektüren wieder hervorgeholt, ich war ihr erlegen wie früher, als ich noch ein ahnungsloser Träumer gewesen war, und ich hatte mich dem Sog dieses Rhythmus hingegeben wie ein Süchtiger, der wieder rückfällig geworden war:

Zu »Lipps« war es nicht weit, und jedes Lokal, an dem ich vorbeikam, das mein Magen ebenso schnell bemerkte wie meine Augen und meine Nase, machte den Weg zu etwas Besonderem und vergrößerte das Vergnügen. Es waren nur wenige Leute in der brasserie, *und als ich mich auf die Bank setzte, gegen die Wand, mit dem Spiegel im Rücken und dem Tisch vor mir, und der Kellner mich frug, ob ich Bier haben wolle, bestellte ich Kartoffelsalat und ein* distingué, *den großen Glaskrug, der einen Liter faßt.**

An einem Vormittag war ich mit der Métro nach Montparnasse gefahren. Ich war an der Station Vavin ausgestiegen und aus der Tiefe der mulchwarmen Schächte ins Freie gekommen, nun stand ich direkt vor der langen Phalanx der hellen Korbstühle eines Cafés. An einem der vielen meist leeren Tische saß eine kleine, in sich zusammengesunkene Gestalt. Sie beugte sich über ein Blatt Papier, sie schrieb, und ich schaute hin, als hätte ich das Urbild meiner früheren Tage, die Ikone des Schriftbesessenen, wiedergefunden.

---

* Ernest Hemingway: Paris – ein Fest fürs Leben. Reinbek bei Hamburg 1965, S. 84

Vor mir saß Sartre. Er saß dort wie ein abwesender Taubstummer, den es auf eine ferne Insel verschlagen hatte. Die gesamte Umgebung hatte er weggeblendet, um zu schreiben, nichts kümmerte ihn, weder die Geräusche des nahen Verkehrs noch die aufdringlichen Blicke der Spaziergänger.

Ich ging weiter, einige hundert Meter weit, und blickte mich noch einmal nach ihm um. Ja, ich wollte dieses Bild so rasch wie möglich wieder vergessen, und doch grub es sich so tief in mich ein, als hätte nur mir diese Erscheinung gegolten.

Von diesem Moment an war ich mir wieder sicher, daß ich das Schreiben nicht aufgegeben hatte. Noch einmal, noch ein einziges Mal wollte ich es nach den Jahren der wissenschaftlichen Kasteiung versuchen. Ich wollte zurückkehren zu dem Projekt, das ich mir in Rom vorgenommen hatte, ich wollte – mit anderen Mitteln und einem veränderten Konzept – denselben Roman gleichsam noch einmal schreiben.

In Paris begann ich, mir die ersten Notizen zu machen. Ich spürte die große Unruhe, die mich plötzlich wieder überfiel. Am liebsten hätte ich sofort mit der Arbeit angefangen, doch zuerst mußte ich die Untersuchung abschließen, die ich mir wie eine Strafe auferlegt hatte.

Ich arbeitete beinahe zwei Jahre an meiner Dissertation. Während dieser Zeit machte ich mir weiter Notizen zu meinem Roman, doch ich unterdrückte die immer heftiger werdende Versuchung, diesen Notizen Raum zu lassen.

Statt dessen sezierte ich weiter Romankörper. Ich unterzog sie den Prüfungen durch mein statuarisches »A priori«, und ich tauchte sie in ihre geschichtlichen Bezüge, um sie aus dem Wirrwarr der historischen Daten wieder herauszuziehen wie fein entgrätete Beutefische.

All dieses Arbeiten brachte mich jedoch in meinen eigentlichen Überlegungen nicht weiter. Die Wissenschaft war das fruchtlose Terrain der schweren und unbeholfenen Waffen, die gegen einen Gegner eingesetzt wurden, der von vornherein unterlegen war. Die Gebärden, die während dieses Kampfes entstanden, erschienen mir wie Droh- und Schreckgebärden, so, als wollte ich meinen Feind vor mir hertreiben oder als ginge es darum, ihn erstarren zu lassen.

Insgeheim wußte ich, daß sich »Der Roman« all diesen Attacken entzog. Die schlagende Formel, die ich für das »A priori« gefunden hatte, tönte durch meinen Text wie ein Donnerhall, der unendlich viele ihn verhöhnende Echolaute hervorrief. Doch ich ließ mich nicht beirren, obwohl ich es längst besser wußte.

Ich war zu einer Schlacht angetreten, und ich

wollte sie mit allen mir zur Verfügung stehenden Mitteln ehrenvoll beenden; am Ende dieser Schlacht aber sollte die Befreiung stehen, das Aufatmen, das Eingeständnis, daß ich vergeblich gekämpft hatte und nun bereit war aufzuwachen aus einem bösen und dunklen Traum.

Und so begann ich meine Untersuchung mit den harschen und drohenden Sätzen der theoretischen Neugierde, die ihre Begriffe aus dem Arsenal holte:

Eine geschichtsphilosophische Theorie des Romans hat die Aufgabe, in den verschiedenen Auslegungen der Gattung deren Einheit als Problem zu erkennen.*

Und ich schloß, fast anderthalb Jahre später, mit einem Zitat aus dem Roman *Titan* von Jean Paul:

»... und die Gewitter sind vorüber und die Welt ist so hell und grün – wacht auf, meine Geschwister!«**

Nachdem die notwendigen Prüfungen abgelegt worden waren, reiste ich noch einmal für einige Wochen nach Italien. Nein, diesmal konnte mich der romantische Traum, dort zum Schreiben zu finden, nicht mehr für sich einnehmen. Und doch spürte ich wieder das alte, längst für überlebt ge-

---

* Hanns-Josef Ortheil: Der poetische Widerstand im Roman. Königstein/Ts. 1980, S. 1

** Hanns-Josef Ortheil: Der poetische Widerstand im Roman. Ebd., S. 303

haltene Gefühl. Es war das Empfinden der Freiheit, die ungeteilte Freude darüber, daß ich zum zweiten und gewiß letzten Mal in meinem Leben wieder einer Schule entkommen war.

Als ich nach Deutschland zurückgekehrt war, begann ich sofort mit der Durchsicht meiner Notizen. Ich fühlte mich sicher und leicht, als hätte ich eine Lebenslast abgeworfen.

Nach wenigen Wochen begann ich mit der Niederschrift meines Romans. Der erste Satz lautete:

An einem Vorfrühlingsabend kehrte der junge Fermer nicht mehr in die Kaserne zurück...

7

Bin ich also ein Schriftsteller? Ich glaube, ich weiß es bis heute noch nicht, und es ist keine Koketterie, wenn ich darauf bestehe, daß diese Gestalt für mich eher eine der Imagination, der Ferne und der Wünsche als eine der begreifbaren Realitäten ist.

Eher schaue ich mir zu, wie ich mich immer wieder in einen Schriftsteller verwandle. Das Schriftsteller-Sein ist eine Projektion, die mit der Anstrengung verbunden ist, sich in der Zukunft als ein anderer zu erleben. Jedes neue Buch stellt die Zusammenhänge dieser Verwandlung her, aber mit jedem neuen Buch stirbt zugleich die Gestalt, nach deren Nähe und nach deren Festigkeit ich mich sehne.

Im Grunde, denke ich, lebt an den Wurzeln solcher Phantasien vor allem meine alte Angst. Es ist die Angst der Kindertage, in denen ich mich vor nichts mehr fürchtete als davor, daß meine Person irgendwann einmal zerfallen und verschwinden würde.

Das Schreiben, so könnte es sein, bewahrt mich wenigstens für bestimmte Zeiten vor dieser Angst. Es füttert und beschäftigt mich mit jenen Stoffen, die mir die Illusion verschaffen, daß meine kindliche Gestalt wächst, fester wird, anschwillt, sich füllt.

All das aber bleibt letztlich doch nur im Dunkeln. Manchmal, wenn ich nicht weiter weiß, träume ich mich in die scheinbar gesicherten Zonen jenes großen, ovalen, von schönen Mietshäusern eingekreisten Platzes zurück, jenes Platzes in Köln, nahe dem Rhein, wo ich meine ersten Monate verbrachte. Und ich stelle mir vor, daß ich mich in Wahrheit nie von diesem Platz entfernt habe. Ich höre die fernen Stimmen, die mich begrüßen, sie murmeln den alten Begrüßungsgesang, und dieser Gesang erscheint mir dann wie ein Trost, als wollte er das Kind ermuntern, gerade der zu werden, der ich jetzt bin:

Dat es he en schöne Jäjend, jäjenüvver dem Rhing, un et Kind es e leev Kind, e lecker Stümpche, wat nie am Knaatsche es, ne Klötsch vunnem Kind, ne Freßklötsch, ne Klotzkopp, wat dä widder kallt...

Nachbemerkung

Ausschnitte aus diesem Text habe ich im Wintersemester 1993/94 als Gastdozent für Poetik an der Universität Paderborn vorgetragen. Ich danke den Professoren Manfred Durzak und Hartmut Steinecke für die Einladung und ihr Interesse an meiner Arbeit.

Mein besonderer Dank gilt Lotta Marie, die die Entstehung dieses Buches förderte und mit Geduld begleitete. Ihr ist das Ganze daher gewidmet.

Geschrieben in Rom, im Sommer 1993